Klaus Otto Nagorsnik

Rätselvolles Münster

Das NEUE Quizbuch

Mit Fotografien von Wilm Weppelmann

Daedalus Verlag

2. Auflage 2022

Umschlagentwurf: Antonia Audick
Printed in Germany
ISBN 978-3-89126-226-9
daedalusbuch.de

Inhalt

Bevor das Raten beginnt

Alte Städte, die jung geblieben sind, stecken voller Geschichten, voller Anekdoten, Ereignissen und Namen. Münster in Westfalen ist eine solche Stadt. Die Stadt des Täuferreichs 1534/1535, die Stadt des Westfälischen Friedens, vielleicht noch die Stadt der *Judenbuche*-Autorin Annette von Droste-Hülshoff – das werden die ersten Antworten sein, wenn man einen belesenen Fremden fragt, was ihm zu Münster einfällt. Der Sportfreund wird wohl noch ergänzen: Pferdesportmetropole, die Volleyballfrauen des USC, die Fußballer des SC Preußen. Und in den Jahren mit der Endziffer 7 bestaunen Kunstliebhaber aus aller Welt, was Künstlerinnen und Künstler – auch aus aller Welt – für die Ausstellung »Skulptur Projekte« Neues in die Straßen, Freiräume und Parks der Stadt platziert haben.

Aber Touristen, Flaneure und Einheimische, die mit offenen Augen und Ohren durch die Gassen und Straßen der Stadt lustwandeln, stoßen darüber hinaus auf manches Merkwürdige, Seltsame, Unbekannte und vielleicht Rätselhafte.

Ein Quizbuch will und kann kein Reiseführer sein. Aber es kann ein Reise-Verführer sein. Die Reise kann dabei auch im stillen Kämmerlein und im Kopf, allein, zu zweit oder in einer Runde guter Freunde unternommen werden. Jede Frage, jedes Rätsel dieses Buchs führt zu einem Ort, einer Person, einer Begebenheit oder einer Kuriosität. Wo der eine gleich ausruft: »Klar, das ist doch… !«, wird der andere in tiefes Grübeln verfallen. So soll es sein. Zu jedem Rätsel werden drei Lösungen angeboten. Ob nur eine, zwei oder gar alle drei zutreffend sind, wer mag das von vornherein sagen?

Wenn einzelne Ratefreudige oder Quizrunden nicht nur Vergnügen an den Rätseln finden, sondern Neues, bisher Unbe-

kanntes, Rätselhaftes und Bemerkenswertes in der alten, jung gebliebenen Stadt Münster finden, dann lehnt sich der Fragenautor zufrieden zurück.

Einundachtzig Rätsel und Fragen finden Quizfreunde in diesem Buch, aufgeteilt in neun Abschnitte zu neun Fragen. Zu jeder Frage schlägt der Autor drei Lösungen vor. Mindestens eine davon ist zutreffend, es kommen aber auch Fragen mit zwei oder drei richtigen Lösungen vor. Welche und wie viele Lösungsvorschläge unzutreffend sind, soll Rätselgemeinde selbst herausbekommen.

Im zweiten Teil des Buches werden die Rätsel aufgelöst. Dort kann man nachsehen, ob man den richtigen Riecher hatte und ein wahrer Kenner Münsters ist. Damit man nicht – versehentlich – die Lösung der nächsten Frage gleich mitliest, ist die Reihenfolge der Antworten eine andere als die der Fragen. Zuerst kommen im Antwortteil die Lösungen zu den Fragen mit der Endziffer 1 (die Reihenfolge ist also Lösung zu Frage 1, zu Frage 11, zu Frage 21 usw.). Dann folgen die Lösungen zu den Fragen mit der Endziffer 2 (also 2, 12, 22, usw.) bis zu den Lösungen mit der Endziffer 0 (also 10. 20, 30 usw.). Eine Markierung am Seitenrand und im Buchschnitt erleichtert das Auffinden der gesuchten Lösung.

Und nun viel Freude bei der Reise durch ein rätselvolles Münster!

Die Fragen

Runde I

Aller Anfang ist schwer

1.

Als im Jahre 2012 Esoteriker und Weltuntergangspropheten aus dem Kalender der Maya herauslasen, dass bald, d. h. am 21. oder 23. Dezember 2012 »alles vorbei« sei, blieben echte Münsteraner ganz ruhig: Das Ende der Welt ist noch lange nicht das Ende Münsters: »Mönster bliew staohn!«
Worauf gründete sich diese Zuversicht?

a) Im Januar 1536 hat, noch kurz vor seiner Hinrichtung, der Täuferkönig Jan van Leyden prophezeit, 666 Jahre lang werde jetzt das »Tier der Apokalypse«, der Antichrist, über das münstersche Jerusalem herrschen. Erst danach werde das irdische, sündige Münster zu Grunde gehen und hier die Zeit des wahren »himmlischenJerusalem« anbrechen. Demnach wäre erst im Jahre 2202 mit apokalyptischen Veränderungen zu rechnen.
b) Als der Mathematiker und Buchdrucker Dietrich Tzwyvel im Jahr 1540 die astronomischen und kalendarischen Daten für die Astronomische Uhr im Dom bestimmte, rechnete er diese Angaben für einen Zeitraum von 532 Jahren (1540 - 2071) durch. Wie es danach weitergehen soll, weiß jetzt noch kein Mensch zu sagen.
c) Einst hieß die Steigerung von »schwarz«: »schwarz – Münster – Paderborn«. Das kann heute sicherlich nicht mehr so gelten. Aber die feste Überzeugung, dass alle weltbewegenden Änderungen, Umwälzungen und Ereignisse frühestens eine Generation später in Münster zum Tragen kommen, hat sich nicht ausrotten lassen.

2.

»Asterix küert westfäölsk: Wi schriewt dat Jaohr 50 v. Chr. Gallien is heel un deel van de Römers besett't... Heel un deel? Quaterie! En Duorp vull van Gallierdickköppe häöllt Paohl tiëgen dat früemde Packvolk. Un dat Liäben is nich licht för de römsken Legionssuldaoten, we in Grautemonstrum, Pentium-Strauhdumm, Offlum un Lütkenbeckum kaserneert sind...«. – So beginnt ein Abenteuer der unsterblichen Freiheitskämpfer Asterix und Obelix, das Anno 2000 ins Münsterländer Plattdeutsch übersetzt wurde. Welcher der Asterix-Bände lässt sich im prächtigem Westfäölsk genießen?

a) Asterix un de Kuopperpott
b) Asterix un de Spökenkieker
c) Asterix un sien Suon

3.

In der Harkortstraße 9 hat eine für blinde und sehbehinderte Menschen sehr nützliche Institution ihren Sitz. Was wird hier produziert und an Blinde und Sehbehinderte versandt?

a) Hörbücher. Die Westdeutsche Blindenhörbücherei e. V. (WBH) lässt seit 1955 Bücher auf Tonträger, früher Tonbänder und Hörkassetten, heute vornehmlich auf interaktive DAISY-Discs, aufsprechen und versendet diese Hörbücher. Sie ermöglicht damit Menschen, die nicht selbst lesen können, den Zugang zu Romanen, zu Sachliteratur und zu ausgewählten Zeitschriften.
b) Weiße Langstöcke. Hier hat Deutschlands zweitgrößter Hersteller dieser Orientierungshilfe für Blinde 1993 eine Produktionsstätte gebaut.
c) Hinweistafeln in Blindenschrift. Immer mehr Unternehmen, öffentliche Einrichtungen und Verkehrbetriebe lassen

mehr oder weniger große Metallschilder mit einer Braille-Beschriftung anbringen, die es Blinden ermöglichen, sich knapp über ein Gebäude oder eine Sehenswürdigkeit zu informieren oder um Hinweise auf Verkehrsverbindungen zu erhalten.

4.

Was meint ein Münsteraner, wenn er von einer »Finne« redet?

a) die Larve eines Bandwurms
b) die Rückenflosse eines Hais oder Wals
c) ein Glas oder eine Flasche Bier

5.

In einem Aufzeichnungsbuch aus dem Mittelalter werden Porsen, Sermentagen und Beckeler aufgelistet.
Um was für ein Buch mag es sich dabei handeln?

a) Um das Abrechnungsbuch des Münsterischen Scharfrichters. Porsen, Sermentagen und Beckeler waren die Namen berüchtigter Strauchdiebe und Wegelagerer, die im 14. Jahrhundert in der Gegend um Münster Kaufleute überfielen und ausraubten. Nach einer fast zwei Jahre dauernden Fahndung konnten die drei in einem Waldstück bei Handorf gefasst werden. Sie wurden auf der Galgheide gehängt und der Scharfrichter präsentierte der Stadt seine Rechnung.
b) Um das Matrikelbuch der Domschule. Es handelt sich bei den Aufgelisteten um Schüler verschiedener Jahrgangsstufen. Die Porsen, etwa die Burschen, waren die zweitjüngste Jahrgangsstufe, etwas älter waren die Sermentagen und die Beckeler standen kurz vor dem Baccalaureat, also dem Abschluss ihrer Domschulenzeit.

c) Um das Gruetamtsbuch der Stadt Münster. Statt des Hopfens verwendete man im Mittelalter andere Würzkräuter, eben Porsen, Sermentagen und Beckeler, um das häuslich gebraute Bier geschmacklich zu verbessern und haltbarer zu machen. Um den Import und die Ausgabe dieser Kräuter, deren Sammelbezeichnung »Gruet« (oder »Grut«) war, kümmerte sich das Gruetamt, das darüber Buch zu führen hatte. Es war streng untersagt, andere als die vom Gruetamt ausgegebenen und kontrollierten Würzpflanzen in den Braukessel zu geben.

6.

Bis 1993 war im ehrwürdigen Krameramtshaus am Alten Steinweg die Stadtbücherei Münster untergebracht, bevor sie in den nebenan errichteten Neubau ziehen konnte. Bereits 1909 wurde im Krameramtshaus ein »Öffentliche Bücherhalle« eingerichtet, die der »Katholische Bücher- und Lesehallenverein« betrieb. Im Jahr 1923 wurde die öffentliche Bücherei kurzfristig ausquartiert, weil eine andere Institution Raumbedarf anmeldete.
Welche Institution vertrieb die Leser bis zum Jahr 1925 aus dem Krameramtshaus?

a) Der Standortälteste der Reichswehr verlangte Raum zur Einrichtung einer Stabsstelle in der Innenstadt, um nach den Erfahrungen von Novemberrevolution, Ruhrkämpfen und durch die Hyperinflation ausgelösten Streiks und Unruhen eine – auch räumlich – nähere Verbindung zu den zivilen Verwaltungsorganen herstellen zu können.
b) Während der Ruhrbesetzung durch belgische und französische Truppen waren viele Ruhrgebietler, die sich dem passiven Widerstand gegen die Besetzung verpflichtet hatten, aus Angst vor Sanktionen ins Münsterland geflüchtet. Der städtische Magistrat wollte das Krameramtshaus als Unterkunft für diese Flüchtlinge nutzen.

c) Die Hyperinflation stellte die Reichsbank vor logistische Probleme. Ständig mussten neue Banknoten, erst zu Millionen- , dann zu Milliarden- und schließlich zu Billionen-Beträgen, gedruckt, überdruckt, unters Volk gebracht und aus dem Verkehr gezogen werden. Das zentral gelegene Krameramtshaus bot sich als Geschäftslokal für die durch die Inflationsturbulenzen ausgeweitete Tätigkeit der Reichsbank an.

Vielseitig genutzt: das Krameramtshaus

7.

Ein Masemattefreier, ein Lapanemalocher mit Paniknüppel inner Fehme, schmust am Schollmentag zum Kower: »Schuck mirn fiozer Flattermann, oder nä, bes Bezinum mit Bratmatrelen und ne Lowine und n Pilo. Ich bin roofig und brandig.« Er krallt nen Kaffermann aus dem Tück, schuckt ihn dem Kower und schmonselt: »Für Schallepeng , Schawele und Schaskelowi.« – »Ömmes, Macker, biste jetzt n Balachesenseeger?« Wo könnte sich diese Szene abspielen?

a) in einer Tackoachilkabache in Mochum
b) im Transpanimurmelbeis
c) im Granigenbeis

8.

Münster, das ehemalige Mimigernaford, wurde im Jahr 793 gegründet. Das weiß jeder gute Münsteraner Bürger. Aber woher weiß man, dass es genau der 1200. »Geburtstag« der Stadt war, den man 1993 groß gefeiert hat?

a) Bei Ausgrabungsarbeiten auf dem Gelände des alten Doms am Horsteberg hat man 1936 einen Stein in einer Erdschicht aus altsächsischer Zeit gefunden, auf dem eingeritzt zu entziffern war: »Hanc lapidem Dei servus LIVDGERVS benedicavit ad ecclesiam aedificandam. Anno Domini DCCXCIII«. (»Diesen Stein hat der Diener Gottes Liudger gesegnet, um darauf eine Kirche zu bauen. Im Jahr des Herrn 793«). Es handelt sich bei diesem Stein, der in der Domschatzkammer aufbewahrt wird, offensichtlich um den von Sankt Liudger geweihten Grundstein der ersten Klosterkirche im damaligen Mimigernaford.
b) In einer auf den 2. Weihnachtstag 792 datierten Urkunde, die eigenhändig von Karl dem Großen signiert worden

ist, wird allen fränkischen Gefolgsleuten Karls im gerade erst unterworfenen und noch unsicheren Sachsengebiet befohlen, Liudger und seine Mitbrüder bei der Reise in die sächsischen Gaue im nächsten Frühjahr und der Gründung eines Klosters an der Furt über die Münstersche Aa alle Unterstützung und allen Schutz zukommen zu lassen.

c) Die Historiker wären heilfroh, wenn sie ein unmittelbares schriftliches Dokument über den Gründungsakt der Stadt Rom – und der Stadt Münster – hätten. Sie haben weder das Eine noch das Andere. So müssen sie sich mit indirekten Belegen und Hinweisen begnügen. In der »Vita tertia sancti Liudgeri«, der dritten Ausgabe der Biograrfie Liudgers von Altfrid, die wohl 875 im Kloster Werden redigiert wurde, findet sich die Angabe, Liudger habe vor seiner Weihe zum ersten Bischof Münsters zwölf Jahre ohne Bischofsornat an dieser Stätte gewirkt. Die Bischofsweihe lässt sich mit ziemlicher Sicherheit auf das Jahr 805 festlegen. Rechnet man zwölf Jahre zurück, so ergibt sich tatsächlich das Frühjahr 793 als der Beginn von Liudgers Wirken und dem Bau eines Kloster im heutigen Münster.

9.

Münster ist eine lebenswerte Stadt. Was die Münsteraner und viele Besucher längst wussten, wurde 2004 eindrucksvoll bestätigt. Im kanadischen Niagara Falls erhielt Münster den Titel »Lebenswerteste Stadt der Welt«. Der LivCom-Award (The International Award for Liveable Communities, Internationale Auszeichnung für lebenswerte Gemeinden) wird seit 1997 jährlich von der IFPRA ausgeschrieben und von der UNEP, dem Umweltprogramm der Vereinten Nationen, unterstützt.
Welche Institution steckt hinter dem Kürzel IFPRA?

a) die Internationale Vereinigung der Gartenbauamtsleiter (International Federation of Park and Recreation Administration)
b) die Initiative für Rechte und Fortschritt der Menschen (Initiative For People's Rights and Advancement)
c) der Internationale Verband der Auslands Presse-Reporter (International Foreign Press Reporters' Association)

Runde II

Mit Pauken, Trompeten und Stimmbändern

10.

Mit sechzehn Jahren verlor er durch eine gefundene Sprengkapsel sein Augenlicht. Gut dreißig Jahre lange lebte er als Straßenmusiker und Poet in New York. Leonard Bernstein nannte ihn »ein seltsames Genie, das da unten an der Ecke steht«. Charlie Parker wollte eine Aufnahme mit ihm machen, starb aber zuvor. Janis Joplin nahm eines seiner Werke auf, er aber meinte, diese Aufnahme habe seine Komposition »verhunzt«. Als er plötzlich aus New York verschwand, erklärte Paul Simon öffentlich, er sei tot. Dabei war dieser Louis Thomas H. aus dem tiefsten Kansas nur nach Deutschland gereist und dort »hängen geblieben«. Nun sah und hörte man ihn als Musiker auf den Straßen von Recklinghausen und Oer-Erkenschwick. Ilona Sommer, geborene Goebel, eine Geologiestudentin, traf ihn auf der Straße, war beeindruckt und gab ihr Studium auf, um seine Managerin und Produzentin zu werden. Fünfzehn Jahre nach seinem Verschwinden aus Amerika gab es dort ein von der New York Times gefeiertes kurzes Comeback des Musikers mit dem Rauschebart. Gestorben ist er in Münster. Sein Blindenhund inspirierte ihn zu dem Künstlernamen, unter dem er berühmt wurde.

Wie nannte sich der Mann, der jahrelang an seiner Wikingerkluft mit gehörnten Helm und Speer zu erkennen war?

a) Moondog
b) Sen Dog
c) Snoop Doggy Dogg

11.

Die Band »Alphaville« um den Sänger Marian Gold wurde 1983 in Münster gegründet und landete mit den Songs »Big in Japan« und »Forever Young« 1984 internationale Hits. Wodurch ließen sich die Musiker zu ihrem Bandnamen inspirieren?

a) Alphaville war in den 1980er Jahren im Jargon von Schülern und Studenten der Spitzname für den Stadtteil Albachten, aus dem Marian Gold stammt.
b) Alphaville ist ein Vorort von São Paulo in Brasilien. Er ist in den 1970er Jahren als privates Immobilienprojekt geplant und realisiert worden. Als abgeschlossenes Wohnareal, als »gated community« mit eigner Infrastruktur, steht es geplant und gewollt im Gegensatz zu den zahlreichen wild wuchernden Favelas in und um die brasilianische Riesenstadt.
c) »Alphaville« ist der Originaltitel eines Science-Fiction-Films von Jean-Luc Godard aus dem Jahr 1965, der in Deutschland unter dem Titel »Lemmy Caution gegen Alpha 60« lief.

12.

Nicht Hamburg, nicht Berlin, nicht München – die erste Stadt Deutschlands, in der die Rolling Stones am 11. September 1965 auftraten, war Münster. Dabei wäre es fast dazu gekommen, dass die Jungs um Mick Jagger nicht vollständig zum ersten Konzert um 17 Uhr auf der Bühne der Halle Münsterland erschienen wären. Wer hätte den Auftritt beinahe verpasst?

a) Brian Jones und Keith Richards. Sie wurden am Düsseldorfer Flughafen von Zoll und Polizei festgehalten, weil sie keine Auskunft über die Substanzen geben wollten, die in ihren Instrumentenkästen gefunden worden waren. Die Beamten witterten einen groß angelegten Schmuggel. Doch weit

gefehlt! Nachdem sich das vermeintliche Rauschgift als harmloser gepresster Ziegeltee herausgestellt hatte, durften Jones und Richards nach Münster weiterreisen.

b) Bassist Bill Wyman. Er fuhr im letzten Auto der Stones-Karawane von Düsseldorf nach Münster. Dass sein Wagen am Kamener Kreuz mit einer Panne liegenblieb, war vom Rest der Band zunächst nicht bemerkt worden. Ein Taxi brachte ihn rechtzeitig zum Konzert.

c) Schlagzeuger Charlie Watts. Er saß schmollend in der Garderobe, weil er sich mit Mick Jagger schon auf dem ganzen Weg nach Münster gezankt und gestritten hatte. Jaggers exaltiertes Auftreten ging dem eher ruhigen Watts mächtig auf die Nerven, so dass er sich weigerte, mit Jagger zusammen auf die Bühne zu gehen.

13.

Wenn man Maximilian Lenz heißt, aus Münster kommt und sich in der Musiker-, Punk-, DJ- und Techno-Szene einen Namen machen will, sollte man sich einen Künstler- und Markennamen zulegen. Eben das hat Maximilian Lenz aus Münster auch getan. Entlehnte er diesen Namen

a) dem eines Herstellers von Kopiergeräten
b) vom Kürzel für eine 3819 km lange Eisenbahnstrecke
c) vom Namen eines als Vorbild gesehenen Musikaktivisten und HipHop-DJs?

14.

Ab dem Herbst 1826 war der Schauspieler, Sänger, Librettist und Komponist Albert Lortzing ein gern gesehener Gast am Theater in Münster. Er gehörte zum Ensemble des Detmolder Hoftheaters, das regelmäßig auch in Münster und Osnabrück auftrat. Welches der Werke Lortzings erlebte in Münster seine Uraufführung?

a) die einaktige Oper »Ali Pascha von Janina oder die Franzosen in Albanien«
b) das Oratorium »Die Himmelfahrt Christi«
c) die Komische Oper in einem Akt »Die Opernprobe«

15.

Nach Münster zugezogen ist, teils der Liebe, teils der Wohlfühlatmosphäre der Stadt wegen so mancher, der seine Jugend ganz woanders verbracht hat. Welcher prominente Sänger aus der Unterhaltungsbranche hat sich in Münster niedergelassen?

a) Jürgen Drews
b) Roland Kaiser
c) Howard Donald (von Take That)

16.

Zur Feier des eintausendundzweihundertjährigen Bestehens der Stadt schenkte sich Münster selbst eine Opernpremiere. Der italienische Komponist Azio Corghi (geboren 1937) erhielt den Auftrag eine Oper zu schreiben, die ihren Stoff aus dem dramatischen Geschehen der Täuferzeit nahm. Am 31. Oktober 1993 wurde »Divara – Wasser und Blut« im Theater an der Neubrückenstraße uraufgeführt. Der damalige Generalmusikdirekor Will Humburg hatte bei einem Treffen, an dem auch der Komponist Corghi und der Direktor des Mailänder Ricordi-Musikverlags teilnahmen, einen Schriftsteller gewinnen können, das Libretto zur der projektierten Oper zu schreiben. Einige Jahre später erhielt dieser Schriftsteller den Literaturnobelpreis.
Wer war das?

a) Günter Grass
b) Harold Pinter
c) José Saramago

17.

Im Januar 2015 fand das Internationale Jazzfestival Münster zum 25. Mal statt. Dabei sind ein Doppelkonzert als Festivalersatz 1995 und die seit 2004 in den Jahren mit gerader Jahreszahl veranstalteten »Jazz Inbetween«-Konzerte gar nicht mitgezählt. Von 1986 bis 1994 war die Halle Münsterland der Veranstaltungsort, seit 1997 treffen sich die Jazzfreunde alle zwei Jahre (wenn nicht Corona...) im Januar zum Festival im Theater der Stadt Münster. Wo wurde die Reihe 1979 mit dem I. Internationalen Jazzfestival vom AStA der Universität eröffnet?

a) im Schlossgarten
b) auf den Aasee-Wiesen
c) im Preußenstadion

18.

1912 schrieb der expressionistische Dichter August Stramm, der in Münster am Bült zur Welt gekommen und aufgewachsen ist, sein Stück »Sancta Susanna«. Der Widerstreit zwischen zölibatärem Leben und Lustempfinden zeigt sich in dem Stück bei einer jungen Nonne, die nächtens vor einem Kruzifix mit einer Jesusfigur in sexuelle Ekstase gerät. 1921 nahm ein Komponist den Text als Libretto für eine einaktige Oper, deren Aufführung – selbstverständlich! – zum Skandal geriet.
Wer hat die verwirrende und verwirrte Gefühlswelt der Sancta Susanna in Töne gesetzt?

a) Kurt Weill
b) Arnold Schönberg
c) Paul Hindemith

Runde III

Kunst und Wissenschaft

19.

In dem Parkgelände zwischen der Aa und der LBS Westdeutsche Bausparkasse trifft man auf eine monumentale Bronzeplastik des Sendenhorster Bildhauers Bernhard Kleinhans. Die teilweise recht bizarr geformten, bis zu 3,50 Meter hohen Figuren stammen aus dem Sagenschatz der griechischen Antike. Was stellen sie dar?

a) die zwölf Taten des Herkules
b) die Irrfahrten des Odysseus
c) den Kampf der Giganten mit den olympischen Göttern

Altgriechischer Helmträger an der Aa.

20.

Wer vom Lambertikirchplatz zum Kirchendach hinaufschaut, sieht gleich unterhalb der Dachtraufe steinerne Gargoyles. Diese Wasserspeier sind als Figuren gestaltet. Unter ihnen fällt ein merkwürdiges Wesen mit zwei Köpfen auf. Wer oder was ist hier dargestellt?

a) Ein doppelköpfiger Adler. Steinmetze aus dem niederländischen Arnheim haben hier das Wappentier ihrer Heimatstadt an der Kirche verewigt.

b) Der doppelköpfige Höllenhund Kerberos. In der griechischen Sagenwelt hatte der Kerberos noch drei Köpfe. Als er von frommen Christen zum Begleiter und Haustier des Teufels gemacht wurde, hat er wohl einen Kopf verloren. Sein gehörntes »Herrchen« kann man gleich rechts von ihm sehen.

c) Nix da! Vielmehr hat sich jemand von der Bauleitung bei den Renovierungsarbeiten im 19. Jahrhundert über zwei Arbeiter geärgert, die sich, anstatt das Dach zu reparieren, dort oben und ungesehen von unten lieber bei einer Flasche Bier und einem zünftigen Kartenspiel die Zeit vertrieben haben. Jedenfalls hält die zweiköpfige Gestalt ganz deutlich ein Kartenspiel in den Händen. Zur Strafe wurden die Drückeberger auf ewig unter die Dachtraufe gebannt.

21.

Ruppe Koselleck ist ein Münsteraner Konzeptkünstler. Mit dem Treiben welchen Konzerns setzt er sich seit Jahren in Aktionen öffentlichkeitswirksam auseinander?

a) mit dem Autohersteller Porsche
b) mit dem Öl- und Energieriesen BP
c) mit dem schwedischen Möbel- und Einrichtungshändler IKEA

22.

Hinrich Trippenmäker war ein westfälischer Kupferstecher des 16. Jahrhunderts. Seine bekanntesten Werke sind wohl die Porträtstiche der Täufer Jan van Leyden und Bernt Knipperdollinck aus dem Jahr 1536. Seinen Namen trägt auch eine Gesellschaft der Freunde und Förderer der graphischen Künste, die ihre Geschäftsstelle in Münster hat. Unter welchem Namen ist Hinrich Trippenmäker bekannter?

a) Heinrich Aldegrever
b) Heinrich Brabender
c) Heinrich Beldensnyder

23.

Der Theologe Joseph Bautz lehrte 36 Jahre lang als Privatdozent und außerordentlicher Professor an der Akademischen Lehranstalt und der nachfolgenden Westfälischen Wilhelms-Universität katholische Dogmatik und Apologetik. Nach seinem Tod wurde er 1917 auf dem Zentralfriedhof beerdigt. Wegen seines theologischen Spezialgebiets erhielt er vom Volksmund den Beinamen

a) Marien-Joseph
b) Höllen-Bautz
c) Propheten-Jupp

24.

Die Königsstraße glänzt heute noch mit einer Anzahl alter Gebäude, die vormals den Landadeligen des Münsterlandes als Stadtsitz gedient haben. Wenn diese Adelshöfe erhalten geblieben sind, haben sie zumeist eine neue Nutzung gefunden. In welchem dieser Bauwerke zeigt das Kunstmuseum Pablo Picasso Münster seine Sammlung?

a) im Druffel'schen Hof
b) in der Landsberg'schen Kurie
c) im Romberger Hof

Wie heißt der ehemalige Adelssitz mit dem markanten Fassadenvorsprung (Mittelrisalit)?

25.

Welcher Künstler hat sich getraut, ein Kunstwerk, das er in Münster in den öffentlichen Raum stellte, mit den politisch aufgeladenen Symbolen Hammer und Sichel auszustatten?

a) der US-Amerikaner Tom Otterness
b) der Österreicher Alfred Hrdlicka
c) niemand. Hammer und Sichel in Münster? – ach geh!

26.

Am Horsteberg steht an der Nordseite des Doms eine Kreuzigungsgruppe von Bert Gerresheim. Unter dem Kruzifix erkennt man die stehenden Figuren der Nonne Maria Euthymia, von Clemens August Graf von Galen und der Anna Katharina Emmerick. Etwas abgesetzt sitzt rechts davon eine Bronzegestalt, die zwei Kartenpläne auf dem Schoß hält. Die eine Karte zeigt die alte Stadt Münster im 16. Jahrhundert.
Was ist auf dem zweiten Plan zu erkennen?

a) der Grundriss des Sankt-Paulus-Doms
b) das Fürstbistum Münster in den Grenzen von 1801
c) das »Himmlische Jerusalem«

27.

Eine Einrichtung des »Zweiten Bildungswegs«, die vom Bistum Münster getragen wird und seit 1960 in der Erwachsenenbildung zur Hochschulreife führt, ist nach einem Pädagogen, Theologen und Verfasser einer »Allgemeinen Schulordnung für das Münsterland« benannt.
Wie heißt die Einrichtung?

a) Fürstenberg-Schule
b) Overberg-Kolleg
c) Stolberg-Akademie

Runde IV

Einheimische, Zugezogene und Gäste

28.

Der erste Millionengewinner der RTL-Quizshow »Wer wird Millionär?« mit dem gebürtigen Münsteraner Günter Jauch war ebenfalls ein Münsteraner. In der 62. Sendung am 2. Dezember 2000 wusste Eckhard Freise die korrekte Antwort auf die Millionenfrage: Es war der nepalesische Sherpa Tenzing Norgay, der Edmund Hillary bei der Erstbesteigung des Mount Everest zum Gipfel begleitete.
Womit hat sich Eckhard Freise in seinem Beruf als Universitätslehrer intensiv beschäftigt?

a) mit der allerfrühesten Geschichte des Bistums Münster und der Vita des Bischofs Liudger
b) mit dem »Bergsteigeralgorithmus«, einem heuristischen Optimierungsverfahren
c) mit der kunstgeschichtlichen Interpretation orientalischer Elfenbeinschnitzereien, vor allem der Gestaltung von Schachfiguren aus Elfenbein

29.

Martje Saljé ist seit dem 1. Januar 2014 die Türmerin auf dem Sankt-Lamberti-Kirchturm. Sie ist die erste Frau auf diesem hohen und verantwortungsvollen Posten. Halbstündig bläst sie zwischen 21:00 Uhr und Mitternacht auf ihrem Türmerhorn, das etwa wie ein Nebelhorn klingt.
Bei wem ist die Türmerin angestellt?

a) Bei der katholischen Kirchengemeinde Sankt Lamberti, denn es ist ja deren Kirchturm!
b) Martje Saljé steht bei der Stadt Münster auf der Gehaltsliste, genauer gesagt bei »MünsterMarketing«. Eine Türmerin ist schließlich eine Touristenattraktion!
c) Alle Anstellungen an Kirchen, die nicht nur für eine Pfarrgemeinde Bedeutung haben, fallen in die Zuständigkeit des Bistums. Also zahlt das Bischöfliche Generalvikariat das Gehalt aus dem Bistumshaushalt.

30.

Wie korrupt war Johann Wolfgang von Goethe? Im Ernst: Auf seinen Reisen, so auch auf der Rückreise vom Kriegsschauplatz in Frankreich 1792, die ihn auch durch Münster führte, wurde der weimarische Geheimrat von seinem Kammerdiener Paul Götze begleitet. Dieser führte auch das Abrechnungsbuch über die Ausgaben der Reisenden. Fast täglich wird dort ein »Schmiergeld« vermerkt, das aus der Geldkatze Goethes gezahlt wurde. Wer waren die Empfänger dieses Schmiergeldes?

a) Militärische Wachen an den Schlagbäumen, Grenzen und Stadttoren, die in dem territorial zerklüfteten Deutschland nach wenigen Meilen die Reise unterbrachen. Ohne dieses Schmiergeld, das die knappe Besoldung der wachhabenden Militärpersonen aufbesserte, wäre eine Reise im Jahr 1792 – es waren kriegerische Zeiten – durch Kofferdurchsuchungen, Befragungen und Personenkontrollen endlos lang und mühsam geworden.
b) Gastwirte und ihre Bediensteten. Der Titel eines großherzoglichen Rats sorgte noch lange nicht dafür, dass man als Standesperson auch halbwegs auskömmlich untergebracht und beköstigt wurde. Ein paar blinkende Münzen an der rechten Stelle konnten da Wunder wirken.
c) die Betreiber der Poststationen, an den die Pferde versorgt und gewechselt wurden.

Nachdenklich: Goethe als Skulptur an der Lambertikirche.

31.

Heinrich Hagenschneider (1844 – 1912) war der erste und der letzte seines Metiers in Münster. Er betrieb sein spezielles Gewerbe von 1888 bis 1900, dann kam die Pleite. Ab 1901 wurde seine spezielle Dienstleistung durch eine leistungsfähigere Technik bedient.
Was war Hagenschneiders Unternehmung?

a) Er transportierte die Bürger mit Pferdebussen quer durch die Stadt.
b) Er ließ ein Passagier-Dampfschiff auf der Werse fahren.
c) Er betrieb ein »Verleih- und Reparatur-Institut« für Hochräder.

32.

Am 16. April 1877 hatte Münster hohen kaiserlichen Besuch.
Welcher Kaiser machte in Münster Station?

a) der deutsche Kaiser Wilhelm I., der auf der Rückreise von der Beerdigung von Sophie von Württemberg war, der Frau seines Namensvetters Wilhelm III., des Königs der Niederlande
b) der Kaiser von Brasilien, Dom Pedro II., der eine Eisenbahnfahrt durch Deutschland in Münster unterbrach, um mit einem Privatmann zu plaudern
c) der Mainzer Bischof Peter Leopold Kaiser, der anlässlich des 25. Deutschen Katholikentags nach Münster kam.

33.

Franz Wernekinck (1764 bis 1839) ließ sich nach seinen Studien um 1792 als Arzt und fürstbischöflicher Medizinalbeamter in Münster nieder. Schon während seiner Studienzeit in Wien hatte er ein besonderes Interesse für die Pflanzenwelt gezeigt und auch als praktizierender Arzt setzte er seine botanischen Studien fort. An der fürstbischöflichen Universität und nach ihrer Aufhebung an der Akademischen Lehranstalt unterrichtete er die Studenten an einem extra eingerichteten Lehrstuhl für Botanik. Sein bleibendes Verdienst für die Stadt Münster war aber die Planung und Anlage des Botanischen Gartens im Schlossgarten.
Durch welchen – berufsbedingten – Unglücksfall kam der 75jährige Wernekinck ums Leben?

a) Er stürzte an einem kalten Februarmorgen beim Gang zu einem Patienten auf dem vereisten Pflaster, schlug mit dem Kopf auf und verstarb an dem Schädelbruch, den er sich dabei zugezogen hat.
b) Bei der Inspektion des Wasserbassins im Botanischen Garten rutschte er auf dem vom Moos glitschigen Steinboden des Beckenrands ins Wasser. Er wurde herausgezogen und ins warme Haus geführt. Doch die Unterkühlung war für den alten Mann so stark, dass er die daraus entstandene Lungenentzündung nicht überlebte.
c) Welch Glück für einen Botaniker, wenn er fremde exotische Pflanzen für seinen Garten zugesandt bekommt! Doch welch Unglück, wenn sich in den gerade eingetroffenen und ausgepackten Setzlingen von Yuccapalmen eine Giftspinne verkrochen hat, die den Gärtner in die Hand beißt. Drei Tage nach dem Biss ist Franz Wernekinck daran gestorben.

Tropische Pfanzenwelt im Botanischen Garten:
Ein Platz zum Sterben?

34.

Am Hohen Heckenweg, dort wo heute das Wohngebiet Meerwiese gelegen ist, war während des II. Weltkriegs das Stalag f VI. Hier waren französische Kriegsgefangene interniert. Einer, der gleich zu Beginn des deutschen Einmarsches in Frankreich in Kriegsgefangenschaft geraten war, war hier in den Jahren 1942 und 1943, bevor man ihn krank entlassen hat, eingesperrt. In einem 1981 geführten Interview erinnerte er sich, auch die noch von den Bomben weitgehend verschonte Innenstadt gesehen zu haben, die auf ihn »wunderbar gewirkt« habe. Aus dem kleinen französischen Soldaten aus Übersee wurde später einer der bedeutendsten Autoren der französischen Sprache im 20. Jahrhundert, der sich auch an vorderer Stelle politisch engagierte.
Wer war Kriegsgefangener im Stalag f VI (das »f« steht für »französisch«)?

a) Aimé Césaire, der antikolonialistische Dichter und Theaterautor von der Insel Martinique, der von 1945 bis 2001 Bürgermeister der Inselhauptstadt Fort-de-France und bis 1993 Abgeordneter der Französischen Nationalversammlung war
b) Frantz Fanon, ebenfalls aus Martinique stammend, dessen Buch »Die Verdammten der Erde« (1961) zu einem der wichtigsten Bücher der antikolonialistischen und antirassistischen Bewegungen wurde
c) Léopold Sédar Senghor aus dem Senegal, der als Lyriker neben Aimé Césaire einer der Begründer der literarischen Strömung der »Négritude« war und von 1960 bis 1980 als erster Staatspräsident der unabhängigen Republik Senegal amtierte

35.

Als das Kind protestantischer Eltern noch nicht ein halbes Jahr alt war, wurde sein Vater zum Totschläger und musste zwölf Jahre Arrest absitzen. In dieser Zeit ließ ein Onkel den Knaben von münsterschen Jesuiten streng katholisch erziehen. Der Knabe machte dann auch in der katholischen Welt Karriere und brachte es bis zum Reichsfürsten. Besonders beliebt war er in der Stadt Münster und in den Niederlanden nicht.
Wer ist gemeint?

a) Bischof Franz von Waldeck, der 1535 das Täuferregime in Münster blutig beenden ließ und dabei auch zahlreiche niederländische Täufer über die Klinge springen ließ
b) Bischof Christoph Bernhard von Galen, der die Stadt Münster drei Mal belagern ließ und mit der calvinistischen Republik der Vereinigten Niederlande so sehr in kriegerischer Dauerfehde lag, dass er dort den Beinnamen »Bommen-Berend«, d. h. »Bomben-Bernd«, bekam
c) Johann Wilhelm von Jülich-Kleve-Berg, der 1574 bereits als Zwölfjähriger Bischof von Münster wurde, dem Rat der Stadt 1583 die Niederlassung der Jesuiten zumutete und dann zwei Jahre darauf abdankte

36.

Im September 1830 reiste ein junger Musiker von den Niederlanden über Münster nach Detmold. Die Postkutschenfahrt kann ihm nicht sehr behaglich gewesen sein. Und auch die Zwischenstation Münster hat ihm nicht gefallen, wenn wir seinem Tagebuch glauben wollen. Er notierte: »27 September […] westphälische Sprache sehr ekelhaft [...] verdammter Gestank im Wagen – herrlicher Tag u. herrliche Mondnacht - dann geschlafen bis Münster [...] 28 September […] ein lumpiges Schloss mit lumpigem Park [...] – Alles unbedeutend […] wenig Applaus«.
Wer war der etwas genervte Musicus?

a) Albert Lortzing
b) Felix Mendelssohn-Bartholdy
c) Robert Schumann

Runde V

...und noch mehr Münsteraner

(Gäste inklusive)

37.

Bonifatius Reichsgraf von Hatzfeldt-Trachenberg entstammte einem schlesischen Adelsgeschlecht und kam als Sohn eines preußischen Gesandten 1854 in Paris zur Welt. Die Umstände, unter denen es ihn in den 1870er Jahren nach Münster verschlug, sind nicht völlig klar. Jedenfalls erwarb er hier eine Villa an der Werse, die er zu einem schlossartigen Bauwerk im Stil der Neorenaissance um- und ausbauen ließ. Das Geld dazu hatte zum großen Teil seine Frau in die Ehe gebracht. 1878 hatte er nämlich Olga von Manoukbey geheiratet, die Tochter eines reichen Magnaten aus Chișinău im heutigen Moldawien.
Wie wurde diese Olga von Hatzfeldt-Trachenberg hinter vorgehaltener Hand genannt?

a) Gänsegräfin
b) Hühnerbaronin
c) Schweineprinzessin

38.

Warum verbrachte Bertolt Brecht die Weihnachtstage 1925 in Münster?

a) Der begeisterte Automobilist Brecht wollte von Köln, wo er vergeblich wegen eines Theaterprojekts verhandelt hatte, mit der Eisenbahn nach Berlin fahren, hatte sich aber in den

falschen Zug gesetzt und musste in Münster aussteigen. Ein passender Anschlusszug nach Berlin war an den Feiertagen nicht zu erreichen. So musste Brecht unfreiwillig zwei Tage in Münster verbringen.

b) Der Sportfan Brecht war eigens nach Münster gekommen, um sich das erste Sechs-Tage-Radrennen in der neuen Halle Münsterland nicht entgehen zu lassen, das am zweiten Weihnachtstag beginnen sollte.

c) Er besuchte seine Frau und seine kleine Tochter.

39.

Anna Holthaus starb 1644, als sie vor dem Ludgeritor von mehreren Jungen mit Steinen beworfen wurde, dabei in den Graben fiel und ertrank.
Wie war Anna Holthaus in die missliche Situation geraten, die für sie tödlich endete?

a) Sie war im Dreißigjährigen Krieg als Marketenderin mit ihrem Karren den Truppen aller Couleur gefolgt. Als die Friedensverhandlungen in Münster begonnen hatten, erhoffte sie sich bei den hier sich versammelnden Diplomaten und ihrem Gefolge gute Geschäftsaussichten. Sie hatte aber nicht mit dem Konkurrenzneid der ansässigen Händler, Krämer und Wirte gerechnet. Diese sorgten nicht nur dafür, dass Anna Holthaus mitsamt ihren Waren gar nicht erst das Stadttor passieren durfte, sondern hetzten auch noch einen Haufen Straßenjungen zu der letztlich tödlichen Tat auf.

b) Sie war die letzte in Münster als »Hexe« angeklagte und verurteilte Frau. Anders als die bekanntere Greta Bünichmann wurde sie nicht zum Tode, sondern »nur« zur Verweisung aus der Stadt verurteilt. Das bedeutete aber zugleich, dass sie jeden Schutz vor Gewalttaten, den ein Stadtbewohner auch in den rauen Zeiten des Dreißigjährigen Krieges innerhalb

der Stadtmauern beanspruchen konnte, verloren hatte und dem Treiben der verrohten Burschen ausgeliefert war.
c) Anna Holthaus hatte einen Obststand auf dem Markt in Münster und eine Bande von Straßenjungen als Taschen- und Marktdiebe angezeigt. Aus Rache lauerten sie ihr auf, als sie auf dem Heimweg zu ihrem Bauernhaus vor der Stadt war.

40.

Als der Bischof von Münster Clemens August Graf von Galen in einem Interview die Alliierten als Feinde bezeichnete und in deutschnationalen Tönen Angst vor einem deutschen Kommunismus äußerte, antwortete ihm ein deutscher Schriftsteller, den die Nazis ins Exil nach Amerika getrieben hatten. Er rief die Deutschen auf: »Glaubt nicht dem Bischof Galen!« Wer ließ diesen Appell am 18. Mai 1945 in New York veröffentlichen?

a) Bertolt Brecht
b) Lion Feuchtwanger
c) Thomas Mann

41.

Im Münster-»Tatort« hat der Rechtsmediziner Professor Dr. Karl-Friedrich Boerne, gespielt von Jan Josef Liefers, eine Assistentin namens Silke Haller, die von der Schauspielerin ChrisTine Urspruch verkörpert wird. Sie lässt sich von ihrem etwas versnobt und großspurig auftretenden Chef nicht unterbuttern, auch wenn er für sie wegen ihrer geringen Körpergröße einen despektierlichen Spitznamen hat. Welchen?

a) Zwerg Alberich
b) Zwerg Laurin
c) Zwerg Nase

42.

Apropos Münster-»Tatort«: Nur ein Dauergast, der in den verschiedenen Episoden neben Jan Josef Liefers als Boerne und Axel Prahl als Kommissar Thiel zu sehen ist, ist auch in Münster geboren. Wer ist das?

a) Claus Dieter Clausnitzer, der den Herbert Thiel darstellt, Kommissar Thiels taxifahrenden und kiffenden Vater
b) Mechthild Großmann, die als Staatsanwältin Wilhelmine Klemm dem Thiel ständig auf die Nerven fällt, wenn sie ihm kettenrauchend in die Quere kommt
c) Friederike Kempter, die Thiels tüchtige, aus Russland stammende Assistentin Nadeshda Krusenstern spielt

43.

Electus, das heißt »Gewählter«, nennt die Kirchengeschichte einen Bischof, der vom örtlichen Domkapitel gewählt wurde, aber nicht mehr in sein Amt eingeführt wird. Welchem Bischof von Münster ist solches widerfahren?

a) Anton Viktor von Österreich (geboren 1779 in Florenz)
b) Bernard Georg Kellermann (geboren 1776 in Freckenhorst)
c) Clemens August Droste zu Vischering (geboren 1773 in Vorhelm bei Ahlen)

44.

Hille Feicken wurde wegen eines nicht zu Ende geführten Tötungsdelikts gefoltert und hingerichtet. Mord? Wieso Mord? Schließlich war Krieg und Hille fühlte sich in einer alttestamentarischen Rolle.
Wer hätte nach ihrem Plan das Opfer des Anschlags werden sollen?

a) Bischof Dietrich II. Er war von Kaiser Heinrich V. mit Unterstützung der Bürger Münsters aus Münster vertrieben worden und belagerte nun im Winter 1120/1121 die Stadt. Hille Feicken schlich sich aus der Stadt, um in der Rolle der alttestamentarischen Judith den Bischof zu erdolchen. Sie wurde aber gefasst. Bei der Belagerung, die am 2. Februar 1121 endete, brannten weite Teile der Stadt und auch der St.-Paulus-Dom ab.
b) Ja, Münster befand sich im Krieg und wurde belagert. Es war aber im Jahr 1534. Der Gegner, den Hille Feicken töten wollte, war Bischof Franz von Waldeck, der das täuferische Münster hatte einkreisen lassen.
c) Im Dezember 1806 versuchte Hille Feicken in der Königsstraße den französischen Divisionsgeneral Louis-Henri de Lorison mit einer kleinen Pistole zu erschießen. Er war von Kaiser Napoleon zum Generalgouverneur der Provinzen Münster, Osnabrück, Tecklenburg und Lingen ernannt worden.

45.

Die britische Sängerin Tanita Tikaram wurde 1969 in Münster geboren und verbrachte hier ihre ersten zwölf Lebensjahre, als ihr Vater bei der Britischen Rheinarmee diente. Ihre Eltern stammen aber aus sehr viel weiter entfernten Weltgegenden.
Aus welchen?

a) aus Borneo und von den Fidschi-Inseln
b) aus Nepal und Neuseeland
c) aus Hongkong und Samoa

Runde VI

Lauter Viechereien

46.

Irgendwo auf der Welt neue Arten von Insekten und anderem Kleingetier zu entdecken und zu bestimmen, gehört auch im 21. Jahrhundert zum Alltagsgeschäft der Zoologen. Eine Säugetierart als neue Art zu bestimmen ist aber doch etwas Besonderes. 2004 fanden Zoologen der Universität Münster heraus, dass Galea monasteriensis, wie sie das Tier nach der Stadt Münster nannten, die fünfzehnte Species einer Unterfamilie der Säuger ist, die obendrein noch ein bei den anderen Species unbekanntes Verhalten aufweist: Sie lebt monogam, rammelt nicht kreuz und quer durch die Artgenossenschar und die Väter kümmern sich um ihre Abkömmlinge.
Zu welcher Unterfamilie der Säuger gehört Galea monasteriensis?

a) zu den Zwergmeerkatzen in Zentralafrika
b) zu den Meerschweinchen aus Südamerika
c) zu den Australischen Nasenbeutlern

47.

Ab 2015 soll in den Räumen des neuen Geomuseums an der Pferdegasse (ehemals Geologisch-Paläontologisches Museum) wieder das annähernd vollständig erhaltene, aus rund 220 Einzelknochen bestehende Skelett eines Wollhaarmammuts (Mammuthus primigenius) zu bestaunen sein.
Wo hat man dieses Skelett gefunden?

a) natürlich in einem Sandsteinbruch in den nahen Baumbergen bei Havixbeck
b) natürlich in einer Tongrube in Ahlen (Westfalen)
c) Gar nicht natürlich! Das Mammutskelett ist eine täuschend echte Kopie eines Mammutskeletts aus dem Senckenberg Naturkundemuseum in Frankfurt am Main. Und dorthin wurde das Original gebracht, nachdem es in der berühmten, zum UNESCO-Weltnaturerbe zählenden Grube Messel bei Darmstadt entdeckt und freigelegt worden war.

48.

Zu den bekanntesten Geschichten um den Zoogründer und »unwiesen Professer« Hermann Landois gehörte die Mär, er habe sein Haustier, den Affen Lehmann, so lange mit Bier und Schnaps traktiert, bis das bedauernswerte Tier, das sich gern »bewirten« ließ, an Leberzirrhose gestorben ist.
Ist die Geschichte wahr?
Und was für ein Affe war dann eigentlich Lehmann?

a) Wahr! Lehmann war ein junger Schimpanse aus dem zoologischen Garten, der von seiner Mutter nicht angenommen worden war. Landois hat ihn mit der Flasche aufgezogen. Irgendwann hatte der Schimpanse im Landois'schen Haushalt eine geöffnete, aber noch volle Bierflasche entdeckt und Geschmack an ihrem Inhalt gefunden. Der Herr Professor wusste sich daraufhin nicht weiter zu helfen, als dem Affen weiter Zucker, ähem, Bier zu geben. Nach zwei bis drei Flaschen schlief das Tier friedlich auf dem Kanapee ein. Andernfalls bekam es Entzugserscheinungen und drohte, randalierend die Wohnung des Professors zu verwüsten. Gesundheitlich ist es dem Tier und seiner Leber nicht gut bekommen.
b) Teils, teils. Der Affe hieß eigentlich Jacko und war ein Berberaffe. In den Zoologischen Garten kam er, als er der

Familie Lehmann, die ihn aufgezogen hatte, zu lebhaft und unkontrollierbar als Haustier wurde. Bei regelmäßigen Besuchen der Lehmanns im Zoo bekam der Affe vom Familienvater »gegen die Kälte« regelmäßig Bier und Schnaps verabreicht. Studenten, die dies sahen, gingen »aus Späßken« dazu über, den Affen ebenfalls mit Alkohol zu füttern, bis das arme Tier eines Tages tot im Käfig lag. Erst jetzt kam es in die Landois'sche Wohnung in der Tuckesburg. Nachdem Landois doziert hatte: »Die Sezierung hat ergeben, daß der Affe Lehmann an Säuferleber gestorben ist«, ließ er ihn ausstopfen, drückte dem toten Affen eine geöffnete Bierflasche zwischen die Vorderpfoten und trank mit Lehmann als stummem Begleiter und Gesellschafter selbst die eine oder andere Flasche.

c) Falsch! Der Herr Professor Landois hatte keinen Affen in seiner Tuckesburg. Allerdings war er ein Schelm. Wenn Gäste kamen, die mit seinen häuslichen Gepflogenheiten noch nicht vertraut waren, steckte er einen Zooangestellten in ein selbst entworfenes schwarzes Affenkostüm und präsentierte diesen als seinen ständigen äffischen Haus- und Saufgenossen. Wenn niemand anderes zur Hand war, musste seine Nichte und Hausdame Helene Pollack in das Affenfell schlüpfen und den zechenden Primaten spielen. Allerdings soll sich Fräulein Pollack Apfel- oder Holundersaft in leere Bierflaschen gefüllt haben, um nicht – alkoholisiert – aus der äffischen Rolle zu fallen.

49.

Der Zoogründer Hermann Landois tat sich auch als Vereinsgründer hervor. Ohne ihn wäre der »Westfälische Verein für Vogelschutz, Geflügel- und Singvogelschutz« nicht gegründet worden und es gäbe keine »Abendgesellschaft Zoologischer Garten«, die mit ihren humoristischen Theatervorstellungen zur Finanzierung des Zoos beitragen sollte und beitrug. Zu einem anständigen deutschen Verein des 19. Jahrhunderts gehörte auch eine Vereinsfahne.
Welche Accessoires zeichneten die von Landois kreierte Fahne aus und setzten sie von den Fahnen anderer Vereine deutlich ab?

a) Das Vereinsemblem in der Mitte der weinroten Fahne war ein krähender Hahn. Dieser Hahn war aus Hunderten winziger goldfarbener und schwarzer Vogelfedern aufgestickt worden.
b) An die Fahne waren die abgeschnittenen Schwänze von Katzen angeheftet. Die Vogelfreunde waren auch große Gegner der Katzen, die ihnen als Vogelfänger und Nestplünderer verhasst waren.
c) Als Spitze der Fahnenstange aus Eschenholz war ein Vogelnest im Durchmesser von 30 Zentimetern aus goldfarbenem Metalldraht befestigt. In dieses Metallnest wurden vor jedem Auszug des Vereins zu einer der zahlreichen Feiern unter freiem Himmel drei rohe Hühnereier gelegt, um den Fahnenträger von allzu großem Alkoholkonsum abzuhalten. Er musste die Fahne ruhig und senkrecht halten, damit die Eier nicht hinausfielen.

50.

Am 21. März 2001 schloss der Allwetterzoo in Münster für drei Wochen seine Tore.
Was war der Grund für diese Maßnahme?

a) Im Münsterland und in weiteren Teilen Deutschlands grassierte die Maul- und Klauenseuche (MKS) und man befürchtete, der Erreger könne durch Besucher aufs Zoogelände eingeschleppt werden.
b) Bei zwei Enten und einem Höckerschwan, die sich im Zoogelände frei bewegt hatten, war der Verdacht einer Infektion mit dem Vogelgrippe-H5N1-Virus aufgekommen. Zoobesucher sollten vor einer Übertragung geschützt werden.
c) Eine anonyme Gruppe von radikalen Tierschützern hatte auf Flugblättern die Freilassung aller Zootiere aus ihren Käfigen, Volieren und Gehegen angedroht. Tatsächlich waren bei Kontrollen geöffnete Gatter festgestellt worden.

Geschlossene Kassenhäuschen am Zoo – warum bloß?

51.

Wer erinnert sich noch an den »schwarzen Peter«? Oder war es doch eine »Petra«? So wurde ein schwarzer Trauerschwan der Species Cygnus atratus genannt, der im Jahre 2006 friedlich auf dem Aasee umherschwamm, bis ihm ein Plastiktretboot entgegenkam, das in der Form einem übergroßen weißen Höckerschwan nachempfunden war. In diesen künstlichen Schwan hatte sich – so schien es – Peter unsterblich verliebt. Jedenfalls wich er im Frühjahr und Sommer nicht mehr von der Seite des Tretboots. Als die Nachrichtenagentur dpa über diese Amour fou berichtete, machte die »romantische, aber unglückliche Liebesgeschichte« ihren Weg durch die deutsche und internationale Presse. Der Schwan wurde »schwarzer Peter« genannt und fand im Winter 2006/2007 mitsamt seinem Geleitboot ein Winterquartier im Allwetterzoo. Dort konnte mittels eines Gentests, der mit einer schwarzen Schwanenfeder gemacht wurde, festgestellt werden, dass es sich bei dem vermeintlichen »Peter« wohl um eine »Petra« handelte. Bis ins Jahr 2008 dauerte die Beziehung von Schwan und Tretboot. Im Januar 2009 verschwand der Trauerschwan vom Aasee. Unwahrscheinlich ist, dass er in seine ursprüngliche Heimat zurückgeflogen ist.

Aus welchem Teil der Erde stammen Trauerschwäne ursprünglich?

a) aus Ostsibirien und Nordchina
b) aus dem südlichen Afrika
c) aus Australien

52.

Ein Pinguin aus dem Zoo in Münster wurde durch seine häufigen Auftritte im Fernsehen bekannt. In der Kinokomödie »Zoogeflüster« aus dem Jahr 2008 wurde dieser Vogel auch zum Schauspieler. Er verkörperte dort den Pinguin »Schulze«.
Wie heißt der schauspielernde Pinguin aus dem Allwetterzoo?

a) Andy
b) Randy
c) Sandy

53.

Der Kleine Münsterländer ist eine Hunderasse. Als Vorstehhund ist er ein häufiger Begleiter von Jägern, die auf den Wiesen und Feldern des Münsterlandes dem Hasen und dem Fasan nachstellen. Gezüchtet wurde der Kleine Münsterländer von einem Forstmann und Kynologen, der in Münster aufgewachsen ist und einen viel bekannteren nahen Verwandten hat. Dieser Verwandte war in den Altbierstuben das »aollen Mönster vun dunnemals« ein gern gesehener, weil trinkfreudiger Gast.
Um die Hundezucht verdient gemacht hat sich

a) Edmund Löns, der jüngere Bruder des »Heidedichters« Hermann Löns
b) Leonard Landois, dessen älterer Bruder Hermann den Zoo in Münster gründete
c) Clemens Ferdinand Christoph von Romberg, der jagdbegeisterte Neffe des als »Toller Bomberg« berühmten Freiherrn Gisbert von Romberg

54.

Bernard Altum (1824 – 1900) hat in seiner Biographie einige Parallelen zum »unwiesen Profiässer« Hermann Landois: Beide kamen in Münster zur Welt, besuchten hier die Schule und wurden katholische Priester. Beide fanden aber ihre wahre Berufung in den Naturwissenschaften, besonders in der Zoologie. Bernard Altum wurde Professor an der Forstakademie in Eberswalde und befasste sich neben der Forstzoologie vor allem mit der Ornithologie. Ebenso wie Landois erhielt er in Münster ein Denkmal, das er aber nicht selbst initiierte. Im Zylinderhut des Landois-Denkmals vor der Tuckesburg, das heute im Allwetterzoo steht, versteckt sich ein Nistkasten; am Fuß des Altum-Denkmals, das einen Vogel zeigt, ist eine Vogeltränke angebracht.
Welcher steinerne Vogel erinnert an Bernard Altum?

a) ein Habicht
b) ein Uhu
c) ein Turmfalke

Runde VII

Stadtbummel

55.

Das Flüsseviertel zwischen Schifffahrter Damm, Warendorfer Straße und Dortmund-Ems-Kanal heißt bei den Münsteranern »Blitzdorf«.
Woher hat es diesen Namen?

a) Als am 21. Dezember 1915 die Munitionsanstalt Mauritzheide auf der gegenüber liegenden Kanalseite in Brand geriet und es zur größten Explosionskatastrophe in Münster kam, waren die Bewohner des Flüsseviertels die nächstgelegenen Betroffenen. Von der Stadt aus gesehen schien das Viertel von einer Unzahl von Blitzen getroffen zu werden.

b) Mitten in Blitzdorf lag zwischen 1898 und 1936 die Radsportbahn Emsstraße. Von den Bahnradfahrern, die »wie der Blitz« durch das Bahnoval rasten, leitete sich umgangssprachlich der Name »Blitzerdorf« her, der später zu »Blitzdorf« verkürzt wurde.

c) Am Kanal sollte zu Beginn des 20. Jahrhunderts ein Straßenbahndepot entstehen. Die Siedlung selbst wurde 1912 und 1913 als Wohnquartier für die Beschäftigten des städtischen Fuhrparks und der Straßenbahn errichtet. Die Straßenbahner trugen einen Blitz am Revers ihrer Dienstuniform. In Blitzdorf wohnten also ursprünglich »die mit dem Blitz«.

56.

In der »Skyline« von Münster nimmt sich neben den anderen Kirchtürmen der Turm der Überwassser- bzw. Liebfrauenkirche ein wenig merkwürdig aus. Ihm fehlt nämlich so etwas wie eine ordentliche Turmspitze. Statt dessen wird der Turm oben von einer Art Plattform abgeschlossen, die von einer steinernen durchbrochenen Brüstung umgeben ist.
Wann ist dem Überwasserkirchturm die Turmspitze abhanden gekommen?

a) In der Täuferzeit 1534 / 1535. Da nach Matthäus 23:12 und Lukas 14:11 »das Hohe erniedrigt werden soll«, haben die Täufer die Turmspitze abgerissen, um praktischerweise auf der Plattform Kanonen gegen die bischöflichen Belagerungstruppen platzieren zu können.
b) Ein Orkansturm hat im Jahre 1704 die Spitze vom Turm gefegt.
c) Nie. Der Überwasserkirchturm hat keine Spitze besessen. Nachdem drei Bauarbeiter beim Bau des Turms unglücklich in den Kirchhof abgestürzt waren, verfügte die Äbtissin des Liebfrauenstifts, dort nicht weiterzubauen und die dafür vorgesehenen Geldmittel lieber in die innere Ausschmückung der Kirche zu investieren.

Mit »Flachdach«: Der Turm der Überwasserkirche vom Domplatz aus gesehen.

57.

Zwischen der Ludgeristraße und der Königsstraße zieht sich die schmale und etwa 85 Meter lange Marievengasse hin. Wie ist sie zu ihrem Namen gekommen?

a) Ursprünglich hieß die Gasse Maria-im-Venn-Gasse. Der Name geht auf einen Bildstock zurück, der eine Schutzmantelmadonna zeigt, eben die »Maria im Venn«. Der halbwüchsige Sohn eines hier ansässigen Schuhmachers war ausgeschickt worden, um neue Stiefel an einen münsterländischen Adelssitz zu liefern. Auf dem Rückweg verirrte sich der Bursche im Venn, d. h. im Moor, und wäre – so die Überzeugung der frommen Eltern – versunken und ersoffen, hätte ihm nicht eine leuchtende Marienerscheinung den Weg heim nach Münster gewiesen. Aus Dank ließen sie vor ihrem Haus in der bis dahin namenlosen Gasse den Bildstock errichten. Annette von Droste-Hülshoff soll, als ihr von der wunderbaren Rettung des Schusterjungen berichtetet wurde, daraus die Inspiration für ihr berühmtes Gedicht »Der Knabe im Moor« gezogen haben (»O schaurig ist's übers Moor zu gehn, // Wenn es wimmelt vom Heiderauche…«). Aus der »Maria im Venn« wurde im Gedicht aber ein einfacher Schutzengel.

b) Schon im 14. Jahrhundert wurde ein Gasthaus »Zur Moder Eva« (»Zur Mutter Eva«) urkundlich genannt, das in dieser Gasse gestanden hatte. Der Name »Moderevenhus« wurde natürlich plattdeutsch artikuliert. Das Wort »moder« verschliff zu »moar und »mar« und aus der Eva wurde eine westfälische »Eve« oder »Ive« (mit langem i). Ob damit die Wirtin der gastlichen Stätte gemeint war, lässt sich wohl nicht mehr feststellen. Fest steht aber, dass hier der Ursprung des Straßennamens zu finden ist.

c) Ein Gasthaus stand wirklich Pate für den Namen der Marievengasse. In diesem Gasthaus soll vor Zeiten der allerbeste Speckpfannkuchen Münsters serviert worden sein. Viele

der Gäste und Esser hatten sich ein paar Brocken der in den münsterschen Armenvierteln entwickelten Sondersprache Masematte angeeignet. Auf Masematte heißt der Speck »mast« und »maststrieven« waren demnach die kross gebrutzelten Speckstreifen auf dem Pfannkuchen. Dass mit von Altbier und Korn gelockerter Zunge eine Bestellung nach »extra dick maststrieven op den pannekoken« nicht phonetisch korrekt gelang, mag des Öfteren vorgekommen sein. Die Marievengasse hatte jedenfalls ihren Namen von den zu »marieven« verstümmelten Speckstreifen weg.

58.

Die Verlängerung der Marievengasse über die Ludgeristraße hinaus nach Osten heißt Harsewinkelgasse. In alten Aufzeichnungen und Plänen findet man sie gelegentlich auch als «Dummen-Gasse«. Woher diese Bezeichnung?

a) Sie wurde »Daumengasse« genannt, weil sie über den heutigen Harsewinkelplatz abgeknickt wie ein Daumen verläuft. Aus dem Daumen, dem »Duhmen«, wurde – wohl durch einen Schreibfehler – das »Dummen« im Namen. Damit konnten die Anwohner von den Nachbarn prächtig geärgert werden und so bürgerte sich die Bezeichnung schnell ein.
b) Umgekehrt: die Anwohner der Gasse ärgerten ihre Nachbarn gern durch allerlei Streiche, die die letzteren natürlich Dumme-Jungen-Streiche nannten. Die einzelnen Streiche gerieten in Vergessenheit, der Spitzname der Gasse blieb.
c) An der Ecke Harsewinkelgasse/Ludgeristraße stand die Herberge »Im Römischen König«, die bis 1805 von einer Bäckerfamilie mit dem Namen Dumme betrieben wurde. Herberge und Bäckerei sind längst anderen Geschäften gewichen, der Name Dummen-Gasse hat sich lange gehalten.

59.

Wo in Münster kann man einen Kleimann-Holm finden?

a) An der Promenade. Es sind die waagerechten Metallstangen, die durch runde Metallpfosten führen und den Fußweg der Promenade von den angrenzenden Rasenflächen abgrenzen. Der Gärtner und Stadtrat Adolf Kleimann, der Ende des 19. Jahrhunderts die Promenadenanlage gärtnerisch verschönern ließ, hat dieses Gestaltungselement erfunden.

b) In der Turnhalle jeder Schule in Münster. Dem Turnlehrer Alfred Kleimann war es in den zwanziger Jahren des letzten Jahrhunderts gegen den Strich gegangen, dass seine Erstklässler den üblichen hochovalen Holm eines Barrens mit ihren kleinen Händen nicht richtig umgreifen konnten. Er ließ daher Barren mit runden Holmen, die einen kleineren Durchmesser hatten, bauen und setzte sie beim Kinderturnen ein. Die geringere Stärke der Holme wurde durch das geringere Gewicht der turnenden Kinder ausgeglichen.

c) An jeder guten westfälischen zweispännigen Kutsche. Der Kleimann-Holm ist eine flexible, nach links und rechts biegbare Mitteldeichsel zwischen den beiden Pferden, die besonders im Fahrsport bei Dressur- und Hinderniswettbewerben zum Einsatz kommt, weil sie die Wendigkeit des Gespanns erhöht. Erfunden hat sie Anton Kleimann, Pferdezüchter und begeisterter Fahrsportler aus Roxel.

60.

Am Kalkmarkt zwischen Promenade, Münzstraße und der Straße Neutor steht inmitten einer kniehohen Koniferenhecke eine um 1910 bei der Berliner Firma Ohrenstein und Koppel gebaute kleine Lokomotive.
Welchem Zweck hat diese Lokomotive früher gedient?

a) als Transportlok für Baumaterialien auf großen Baustellen
b) als »Trümmerlok« nach dem II. Weltkrieg, um den Trümmerschutt aus der Altstadt abzufahren
c) als Klettergerät auf einem Kinderspielplatz?

Der Kalkmarkt ist nicht Lummerland.
Aber auch hier findet man eine kleine Lok.

61.

Im Jahre 1805 übernahm Johann Bernhard Leve aus Warendorf eine Gaststätte an der Telgter Straße, die heute ein Stück der Straße Alter Steinweg ist. Er richtete eine Bierbrauerei ein, die bis zum 1. Weltkrieg betrieben wurde. Bis 1932 war der Zapfhahn fest in der Hand der Nachkommen Leves. Den Namen »Altes Gasthaus Leve« trägt das Lokal heute noch. Bevor Johann Bernhard Leve zum Gastwirt und Bierbrauer in Münster wurde, bestand das Gasthaus aber bereits seit 1607 unter anderem Namen. Es ist heute die älteste Gastwirtschaft in der Stadt.
Wie hieß das Haus vor der Übernahme durch Herrn Leve?

a) Zur Großen Hertzogin
b) In die drei Könige
c) Zum Cardinal

62.

Die Krebsberatungsstelle in Münster hat seit 2002 einen prominenten Schirmherrn. Der Schauspieler Leonard Lansink, der im ZDF den verknautschten Privatdetektiv und Antiquar Wilsberg verkörpert, trommelt einmal jährlich im Sommer Prominente und Halbprominente aus Münster und aus seinem Bekanntenkreis zusammen. Ob Musiker, Landtagsabgeordnete oder Schauspieler: Gemeinsam bieten sie dann eine Dienstleistung an und unterstützen mit dem Erlös der ungewohnten Tätigkeit die Krebsberatungsstelle.
Welche Serviceleistung dürfen Münsteraner und ihre Gäste dann von Wilsberg & Co. erwarten?

a) blank geputzte Schuhe
b) eine blitzblanke Leeze (für Nicht-Münsteraner: ein geputztes Fahrrad)
c) ein Tablett mit Bier und Wein oder wahlweise Kaffee und Torte, flink an den Tisch gebracht

63.

Auf der Salzstraße findet man im Pflaster eine ganze Reihe von Steinen, die von Metallringen umrahmt sind, die die Namen von Hansestädten angeben. Aus diesen Städten von Köln bis Bergen in Norwegen und von Antwerpen bis Nowgorod in Russland wurden 1993 die »Hansesteine« anlässlich des 13. Hansetags der Neuzeit nach Münster gesandt und ins Pflaster der Salzstraße eingefügt. Unter welchem Motto stand der Hansetag 1993 in Münster?

a) »Das Lächeln der Vergangenheit«
b) »Hanse – Band ohne Grenzen«
c) »Die Rolle der Städte beim Wiederaufbau Europas«

Ein Stein aus Russland im Pflaster der Salzstraße.

Runde VIII

Münster sportlich

64.

Eine achtzehnjährige Schülerin des Annette-von-Droste-Hülshoff-Gymnasiums durchbrach in der Leichtathletik eine sogenannte »Schallmauer«.
Ihr gelang es als erster Frau …

a) weiter als 6 Meter zu springen
b) glatte 2 Meter im Hochsprung zu meistern
c) den Diskus über die 60-Meter-Marke zu werfen

65.

Der Münsteraner Bernhard Ernst war einer der Pioniere des Rundfunks in Deutschland. Der 1899 geborene Sportreporter begann seine Karriere im Studio in den Betriebsräumen der Stadtwerke am Albersloher Weg. Münster war der vorläufige Rundfunkstandort für Deutschlands Westen, denn die Alliierten im besetzten Rheinland misstrauten dem neuen Medium. Als 1926 die »Westdeutsche Funkstunde« nach Köln verlegt werden konnte, ging Ernst an den Rhein. Nach dem Zweiten Weltkrieg machte er sich auch als Fernsehkommentator einen Namen.
Welches war das wohl denkwürdigste Spiel, das Bernhard Ernst für das deutsche Fernsehen live kommentierte?

a) das Finale um die Deutsche Fußballmeisterschaft, das der SC Preußen Münster am 30. Juni 1951 mit 1:2 gegen den 1. FC Kaiserslautern verlor

b) das »Wunder von Bern«, der 3:2-Sieg der Nationalmannschaft über die Ungarn am 4. Juli 1954 im Berner Wankdorf-Stadion
c) das letzte Endspiel um eine Deutsche Fußballmeisterschaft vor der Einführung der Bundesliga am 29. Juni 1963 (Borussia Dortmund – 1. FC Köln 3:1)

66.

Am 1. November 1925 konnten die Hörer des noch neuen Mediums Rundfunk zum ersten Male eine Liveübertragung von einem Spiel aus einem deutschen Fußballstadion hören. Der Schauplatz des Matches war das alte Preußenstadion, das noch nördlich des heutigen Stadions am Münstermannweg lag. Der Reporter Bernhard Ernst hatte ein Hockeytor unmittelbar hinter eines der Fußballtore stellen lassen. Dieser mit Maschendraht verstärkte »Käfig« sollte ihn und sein Mikrofon vor heranfliegenden Bällen schützen.
Wer war der Gegner der Preußen aus Münster und wie lautete das Spielergebnis?

a) Preußen Münster - FC Schalke 04 8:1
b) Preußen Münster - Arminia Bielefeld 0:5
c) Preußen Münster - FC Osnabrück 5:0

67.

Im Jahr 2003 gruben Archäologen der Forschungsstelle »Asia Minor« der Universität Münster unter der Leitung von Professor Elmar Schwertheim in der antiken Stadt Alexandria Troas in der Nordwesttürkei eine Marmorplatte aus. Es handelt sich dabei um ein sehr frühes Dokument der Sportgeschichte.
Was ist der Inschrift auf dieser 1,81 Meter mal 0,90 Meter großen Tafel zu entnehmen?

a) Der Makedonenkönig Alexander der Große, der im Mai 334 v. Chr. mit seiner Armee den Hellespont überschritten hatte, forderte vom örtlichen Satrapen, dem Statthalter des Perserkönigs, auf eine für beide Seiten verlustreiche Schlacht zu verzichten. Statt dessen könne man die Entscheidung über den von Alexander geplanten weiteren Feldzug doch in einem Fußballmatch (griechisch: ποδόσφαιρον) zwischen ausgewählten Truppenteilen ausspielen. Wir haben hier also ein sehr frühes Zeugnis dafür, dass die alten Griechen, vielleicht auch nur die Makedonen, den Fußballsport bereits kannten und schätzten.

b) Bei den Alexandrinischen Spielen des Jahres 28 n. Chr. gewann ein gewisser Saulus aus Tarsus das Rennen über zwölf Stadien (das sind etwa 2300 Meter). Sollte dieser Rennläufer Saulus mit dem Saulus aus Tarsus identisch sein, der später als Heiliger Paulus zum »Weltapostel« und Namenspatron des Münsterschen Doms wurde, so erklärt sich natürlich die Sportmetaphorik in seinen Briefen. So schrieb dieser an die – übrigens durchaus sportbegeisterten – Korinther: »Wisst ihr nicht, dass die Läufer in der Rennbahn alle laufen, aber dass nur einer den Preis erringt? Lauft so, dass ihr ihn bekommt.« (1. Korinther, Kapitel 9, Vers 24).

c) Im Jahr 133/134 n. Chr. gab der römische Kaiser Hadrian (117-138) strenge Spielregeln für die Durchführung von sportlichen und musischen Wettbewerben wie den Olympischen Spielen bekannt. Offensichtlich hatte es Unregelmäßigkeiten bei der Auszahlung der Siegerprämien gegeben.

Hadrian drohte den Verantwortlichen in den Städten, die solche Wettbewerbe ausrichteten, harte Sanktionen an, wenn die für die Sieger vorgesehenen Preise unterschlagen oder anderen Zwecken zugeführt würden. Auch an die Sportler selbst richtete sich die kaiserliche Bekanntmachung. Undiszipliniertes und unfaires Verhalten solle mit Peitschenhieben geahndet werden. Allerdings solle, so der fürsorgliche Kaiser, durch diese Körperstrafe eine weitere sportliche Betätigung des Gezüchtigten nicht unmöglich gemacht werden.

68.

Mit seinem Verein spielte Michael Pfannkuche ein Jahr lang in der 1. Bundesliga und mehrere Jahre lang in der 2. Bundesliga. In dem Bundesligajahr konnte er mit der Mannschaft sogar den amtierenden Deutschen Meister Bayern München besiegen. In seiner Spezialdisziplin war er 1988 und 1993 obendrein Einzel-Weltmeister.
Welche Sportart übt Michael Pfannkuche aus?

a) Rollstuhlfechten; Spezialdisziplin: Degenfechten
b) Schach; Spezialität: das Lösen von Schachkompositionen
c) Bogenschießen; Spezialgebiet: Schießen auf bewegte Ziele

69.

Im Hotel Krautkrämer in Hiltrup hat sich während eines großen Fußballturniers eine europäische Nationalmannschaft einquartiert. Die Ballkünstler fühlten sich dort offensichtlich pudelwohl. Als aber die Bild-Zeitung *über angebliche Eskapaden im hoteleigenen Pool mit der fetten Überschrift »[…], Sekt, nackte Mädchen und ein kühles Bad« herauskam, dementierte der Trainer umgehend. Mitnichten hätten seine nackigen Spieler mit »drei knusprigen Mädchen« und einigen Flaschen Champagner bis in den frühen Morgen hinein lustvolle Badespiele veranstaltet.*

Auf den Pressekonferenzen rund um das Turnier verweigerte er jeden weiteren Kommentar zu der »Krautkrämer-Affäre«. Welcher Fußballspieler wurde in der Überschrift der Bild-Zeitung *namentlich genannt?*

a) Ruud Gullit. Er war der Kapitän der niederländischen Mannschaft, die bei der Europameisterschaft 1988 das erste Gruppenspiel gegen die UdSSR verlor. Nach der angeblichen Poolparty kam die Mannschaft dann besser in Schwung und konnte im Endspiel – wiederum gegen die UdSSR – den Titel holen.
b) Johan Cruyff. Trotz aller Dementis von Bondscoach Rinus Michels glaubten viele Fußballfans, dass die Endspielniederlage der bis dahin überragend spielenden »Elftaal in Oranje« bei der Weltmeisterschaft 1974 auf die feucht-fröhlichen Spielchen vor dem Spiel zurückzuführen sei.
c) Dejan Stanković. Der Kapitän der Nationalelf von Serbien und Montenegro musste am 16. Mai 2006 bei der Weltmeisterschaft in Gelsenkirchen eine 0:6-Schlappe gegen ausgeschlafene Argentinier um Lionel Messi hinnehmen.

Sekt, Mädchen und ein kühler Pool – so kann man sich's gut gehen lassen.

70.

Sieben Mal wurde Philipp Stüer zwischen 1997 und 2007 vom Stadtsportbund als Münsters »Sportler des Jahres« ausgezeichnet. Dass er 2002 in Spanien und 2006 in England mit seinen Mannschaften Weltmeister wurde, lag auch daran, dass es ihm gelang,

a) keinen Krebs zu fangen
b) einen Adler zu schlagen
c) sich gleich zu Beginn einzuigeln

71.

Carl Schuhmann, geboren am 12. Mai 1869 in Münster, nahm 1896 an den I. Olympischen Spielen der Neuzeit in Athen teil, und konnte als Sieger vier Silbermedaillen heimbringen. Erst 1904 wurden die Medaillen für den Olympiasieger vergoldet. Der Turner Schuhmann siegte im Einzelwettkampf im Pferdsprung und gehörte zur erfolgreichen deutschen Turnriege, die die Mannschaftswettkämpfe Reck und Barren gewann. Im beidarmigen Gewichtheben (ohne Gewichtsbeschränkung) hatte der nur 1,63 Meter große Schuhmann zuvor schon 90 Kilogramm gestemmt und damit einen vierten Platz erreicht.
Auf seinen vierten Olympiasieg musste Schumann aber einen Tag warten, da der Wettbewerb unterbrochen wurde und erst am nächsten Tag fortgesetzt werden konnte.
Welcher Wettbewerb war das und was war der Grund für die Unterbrechung?

a) Im Radsport wurde das Straßenrennen auf 87 Kilometern zwischen Athen und Marathon und retour ausgetragen. Ein heftig einsetzendes Gewitter unterbrach den Wettbewerb in Marathon und die teilnehmenden Fahrer wurden zeitversetzt am nächsten Tag in Marathon auf den Rückweg nach Athen gestartet. Hier blieb der spätere Gewinner zweimal mit einer Panne liegen. Beim zweiten Zwischenfall lieh er sich von

einem Zuschauer am Wegesrand dessen Rad und legte damit das Endstück der Strecke nach Athen zurück.

b) Das Tennisdoppel gewann ein gemischtes Team. Partner des Deutschen war der Ire John Pius Boland, der in Bonn Jura studierte und als Tourist zu den Olympischen Spielen gereist war. Erst in Athen wurde er überredet, sich am olympischen Tennisturnier zu beteiligen. Die griechischen Endspielgegner bemerkten nach zwei Sätzen, dass sie gegen ein gemischtes deutsch-britisches Doppel spielten und legten Einspruch beim Schiedsgericht ein. Nach einer nächtlichen Beratung wurde der Einspruch abgewiesen und das Match wurde fortgesetzt.

c) Der entscheidende Wettkampf im Ringen wurde unter freiem Himmel im Panathinaiko-Stadion ausgetragen. Aufsehen erregte, dass der wesentlich kleinere und leichtere Carl Schuhmann von seinem griechischen Gegner Georgios Tsitas nach vierzig Minuten immer noch nicht auf die Schultern gelegt worden war. Einbrechende Dunkelheit erzwang den Abbruch des Kampfes, der erst am nächsten Tag wieder aufgenommen wurde. Und jetzt setzte sich der kleine Deutsche durch und holte seinen vierten Olympiasieg.

72.

Auch der Münsteraner Manfred Kindermann hat sich im Sport einen Namen gemacht. Er war…

a) sechs Mal in Folge Deutscher Meister im Volleyball mit dem USC Münster und 1972 Trainer der Nationalmannschaft bei den Olympischen Spielen in München.

b) als »Chefankläger« des DFB maßgeblich an der Verfolgung des Bundesliga-Skandals von 1971 beteiligt.

c) als Leichtathlet Europameister 1962 mit der 4x400-Meter-Staffel und später als Mediziner Mannschaftsarzt der deutschen Fußball-Nationalmannschaft.

Runde IX

Von Münster in die weite Welt

73.

Als sein Vater ihn unter die Soldaten stecken wollte, büxte der sechzehnjährige Adolph von Wrede aus Münster von zu Hause aus. Nach drei Jahren Seefahrt landete er in einem fremden Hafen, wo ein Kaufmann sich des mittellosen Burschen annahm. Er landete doch noch beim Militär und machte einen der zahlreichen Kriege in dieser Weltgegend mit. Als Abenteurer reiste er dann durch noch unbeschriebene Gegenden. Als er zurück in Europa von den Dingen, die er gesehen und entdeckt hatte, berichtete, fand er kein Gehör. Der große Alexander von Humboldt, der ihn immerhin beim preußischen Hof eingeführt hatte, hielt von Wredes Erzählungen für »Aufschneiderei«. Dass er nicht geflunkert hatte, sollte sich aber später erweisen. Welche Entdeckungen wollte man dem Adolph von Wrede nicht so recht glauben?

a) Mitten im Urwald des nördlichen Guatemala sollen riesige Städte mit rund 50 Meter hohen Tempelpyramiden gestanden haben? Unglaublich!
b) In Persien soll es »Türme des Schweigens« geben, auf denen die Leichname Verstorbener dem Fraß von Geiern und Rabenvögeln ausgesetzt wurden. Unfassbares Seemannsgarn!
c) In der Wüste von Hadramaut im südlichen Arabien, im heutigen Jemen, sollen siebenstöckige Häuser aus Lehm zu sehen sein? Und eine in den heißen Wüstensand gelegte Schnur zum Messen soll wie in einem Brunnenloch verschwunden sein. Unmöglicher Unsinn!

74.

Aus »gutem Hause« stammend, in Münster geboren, in der Ludgerikirche getauft, als Offizier im Dienst des preußischen Königs – wie konnte so einer zum radikalen Demokraten, zum Kommunisten und Revolutionär werden? So fragten sich wohl manche Zeitgenossen. Nach der Niederschlagung der Revolution von 1848/49 blieb ihm wie vielen anderen Revolutionären nur die Flucht über den »Großen Teich« nach Amerika. Hier wirkte er u. a. als Landvermesser (so bei der Anlage des Central Park in New York), aber vor allem als Zeitungsredakteur und Agitator für die Ideen seines Freundes Karl Marx. Als der Amerikanische Bürgerkrieg ausbrach, wurde der Anhänger der Sklavenbefreiung und Unterstützer Abraham Lincolns als Offizier in die Truppen der Nordstaaten einrolliert. Er befehligte ein Freiwilligen-Artillerie-Regiment, das konföderierte Banden im südlichen Missouri bekämpfte. Mit 48 Jahren ist er in St. Louis an der Cholera gestorben. Wen meine ich?

a) Fritz Anneke
b) Joseph Weydemeyer
c) Alexander Schimmelfennig

75.

Wer heute in Düsseldorf vor klassizistischen Gebäuden wie dem Ratinger Tor steht, von deren Gestaltung sogar der große Baumeister Karl Friedrich Schinkel inspiriert worden sein soll, wird wohl nicht unbedingt vermuten, dass sie von einem gebürtigen Münsteraner entworfen worden sind. Schon in seiner Heimatstadt hatte sich Adolph von Vagedes als Multitalent gezeigt. Er zeichnete, entwarf Bühnenbilder und schrieb Texte für das münstersche Komödienhaus und wurde später großherzoglich-bergischer »Baudirektor der Verschönerungen der Stadt Düsseldorf«. Doch seine Pläne flogen höher. 1814 richtete er mit seinem Kollegen, dem Oberlandvermesser J. W. Windgassen, ein Memo-

randum an die »erhabenen Beherrscher und Volksrepräsentanten Europa's«, die zum Wiener Kongress versammelt waren. Mit den darin vorgeschlagenen »Einrichtungen« wurden die Verfasser des Memorandums quasi zu unzeitgemäßen »Erfindern«

a) des Euro
b) der Konferenz bzw. Organisation für Sicherheit und Zusammenarbeit in Europa (KSZE bzw. OSZE)
c) eines Europäischen Patentamts

76.

Seit 1969 gibt die Deutsche Post sogenannte Weihnachtsmarken heraus. Diese Briefmarken zeigen weihnachtliche Motive und auf das übliche Porto wird ein Zuschlag erhoben, der den großen Wohlfahrtsverbänden zu wohltätigen Zwecken zufließt. Die Weihnachtsmarken 2009 zeigen Bildmotive, die aus Münster stammen. Was war auf diesen Briefmarken sehen?

a) buntes Treiben auf den Münsteraner Weihnachtsmärkten
b) Weihnachtskrippen aus dem Dom und der Servatiikirche
c) Darstellungen der Geburt Jesu und des Besuchs der »drei Weisen aus dem Morgenland« in Bethlehem aus einem Buch aus dem 15. Jahrhundert

77.

1977 trat in Münster eine Band um Peter »Emu« Heines und Winni Bückmann auf, deren sehr junge Sängerin – damals 14 Jahre alt – später in Paris, London und New York Karriere machte: Ute Lemper. Wie hieß die Band?

a) Panama Drive Band
b) YouCaTan
c) Florida Fusion

78.

Wir schreiben das Jahr 1523. Zwei Münsteraner, Hermann Plönnies und Berend Bomhover, haben es in Lübeck als Ratsherren zu einflussreichen Ämtern gebracht.
Bei welchem historischen Ereignis haben die beiden eine wichtige Rolle gespielt?

a) Sie reisten im Auftrag des dänischen Königs Christian II. nach Sachsen. Christian hatte zwei Jahre nach dem Wormser Reichstag, der Martin Luther geächtet hatte, deutliche Sympathien für die reformatorische Sache gezeigt. Luther hatte mittlerweile die Wartburg verlassen und lebte in Wittenberg. Der Dänenkönig schickte die beiden Lübecker Ratsherren aus, um dem Reformator eine Übersiedlung nach Kopenhagen vorzuschlagen.
b) Plönnies und Bomhover waren als Ratsherren auch Kommandeure der lübischen Flotte, die immer noch einen Machtfaktor im Ostseeraum darstellte. Mit dieser Flotte unterstützten sie den vom schwedischen Reichstag zum König gewählten Gustav I. Wasa, der Schweden aus der Kalmarer Union mit Dänemark und Norwegen löste und zu einem unabhängigen Königreich machte. Nach der mit Hilfe der lübischen Schiffe erreichten Eroberung von Kalmar und Öland konnte Gustav am Mittsommertag 1523 auch in Stockholm einziehen und die Stadt besetzen.
c) Sie vermittelten in Riga den Waffenstillstand zwischen dem Großfürstentum Litauen und dem aufstrebenden Großfürstentum Moskau. Der Friede im baltischen Raum ermöglichte den Hansestädten einen erneuten Aufschwung in den Handelsbeziehungen zu Osteuropa und zu Russland.

79.

In der Rothenburg 41 hat befindet sich die Geschäftsstelle von »Pan y Arte« – »Brot und Kunst«. Vorsitzender des eingetragenen Vereins war bis 2006 sein Mitbegründer, der Schauspieler Dietmar Schönherr († 2014), danach hat der Bremer Ex-Bürgermeister Henning Scherf den Vorsitz übernommen. »Pan y Arte« kümmert sich um Entwicklungsprojekte und unterhält unter anderem die fahrbare Bücherei »Bertolt Brecht«.
In welchem Land?

a) Costa Rica
b) Nicaragua
c) auf den Philippinen

80.

Cornelius »Corny« Littmann kam 1952 in Münster als Sohn eines Professors der Finanzwissenschaft zur Welt, lebt aber seit 1970 in Hamburg. Er hat sich dort sicher nicht nur Freunde gemacht, aber viele Hamburger scheinen ihn zu mögen, denn

a) die Arbeitsgemeinschaft Selbständiger Unternehmer, der Bundesverband Junger Unternehmer und die Hamburger Sparkasse zeichneten ihn mit dem Titel »Hamburger Unternehmer des Jahres« aus.
b) er erhielt den Max-Brauer-Preis 2010 der Alfred Toepfer Stiftung F.V.S. für Verdienste um das kulturelle, wissenschaftliche und geistige Leben Hamburgs.
c) die Mitgliederversammlung des FC St. Pauli von 1910 e. V. wählte ihn drei Mal zum Präsidenten des Traditions- und »Kiez«-Vereins.

81.

Von den guten Handelsbeziehungen münsterischer Kaufleute zur Hansezeit ins Baltikum zeugt heute noch die »Stube von Münster«, die im Gildehaus einer europäischen Hauptstadt zu sehen ist. Dieses Gildehaus dient der Staatlichen Philharmonie des Landes als Konzertsaal.
In welcher Stadt müssen wir diese gute Stube suchen?

a) Helsinki
b) Riga
c) Tallinn

Die Lösungen

1.: b)

Das Kalendarium der Astronomischen Uhr ist in der Tat bis zum Jahre 2071 durchgerechnet. Bis dahin bleibt den Mathematikern und Astronomen noch etwas Zeit, neue Berechnungen anzustellen. Wie diese dann in der komplizierten Mechanik der Uhr umgesetzt werden können, steht noch auf einem anderen Blatt. Wer dann noch lebt, wird es ja erleben.

Jan van Leyden hat so manche Vorhersage gemacht. Von seinen prophetischen Gaben ist die historische Forschung aber nicht so recht überzeugt. Und über vorwiegend im Rheinland kolportierte Vorurteile geht ein Münsteraner mit Schweigen und einem Lächeln hinweg.

11.: c)

In Godards Film ermittelt der unverwüstliche Privatdetektiv Lemmy Caution, dargestellt vom ebenso unverwüstlichen Eddy Constantine, in einer dystopischen Zukunftsstadt namens »Alphaville«, die von dem Computersystem »Alpha 60« beherrscht wird. Gefühle, Liebe und sonstiges Gedöns sind verboten.Den Bandleader Marian Gold erinnerte der Kampf zwischen Mensch und Technik in dem Film an die Kämpfe, die seine Band anfänglich mit ihrem unzulänglichen technischen Equipment auszutragen hatte.

Wenn die brasilianischen Stadtplaner des realen Alphaville sich bei der Benennung ihres Projekts an Godards Film orientiert haben sollten, so haben sie den Meister des französischen Kinos wohl tief missverstanden.

21.: a), b) und c)

In seinem Projekt »Porschekomplex« sammelt Koselleck gespendete Porsche-Modellautos. Mit 10.000 dieser Modellautos will er auf dem Berliner Kurfürstendamm eine »Pädagogische Parkplatzintervention« durchführen, das heißt eine »mutwillige Verknappung von öffentlichen Stellflächen« durch die Porsche-

modelle. Mit einer vierstelligen Anzahl von Modellautos hat er bereits »Probepark-Aktionen« in Ahaus, London, Basel, Stuttgart und in anderen Städten durchgeführt. Die »temporäre Umwidmung« des Parkraumes in einen Kunstraum stieß dabei auf begrenztes Verständnis von Autofahrern auf der Suche nach legaler Abstellfläche.

Seit 2001 strebt Koselleck die »feindliche Übernahme« des Ölkonzerns BP an. Auslöser dieses Projekts war das Auffinden von klebrigen Erdöl- und Teerklumpen an einem niederländischen Sandstrand. Solche Teerklumpen sammelt Koselleck seither ganz gezielt, platziert sie in »Teerarium« genannten Klarsichtboxen und verkauft diese Gehäuse nebst einem Echtheitszertifikat. Der Erlös wird zum Kauf von BP-Aktien verwandt. Das Ziel ist es, auf diese Weise irgendwann einmal sämtliche Aktien des Konzerns zu besitzen und ihn damit zu übernehmen. Nachdem 2010 die Bohrplattform Deepwater Horizon im Golf von Mexico unterging und eine verheerende Ölpest auslöste, stellt Koselleck auch »Petrodollars« her, deren Erlös er ebenfalls in den Dienst der BP-Übernehme stellt. Er stanzt aus Ein-US-Dollar-Noten den Kopf George Washingtons aus, der zuvor mit Ölresten »verziert« wurde, die an der Küste Alabamas angespült worden sind. Aus den ausgestanzten und teils geschwärzten Präsidentenporträts werden Ansteckbuttons gefertigt, die vom Künstler als »Petrodollars« vertrieben werden.

In den Möbelausstellungen von IKEA ersetzte Koselleck die Bilder schwedischer Musterfamilien in Holzrähmchen durch Bilder der eigenen Familie. Er füllte Ausstellungsregale mit ausrangierten Kunstkatalogen, gebrauchten Handtüchern und anderen Objekten und präsentierte so in der »weltweit erfolgreichsten Ausstellung – eben IKEA« seine eigenen »parasitären Publikationen«.

31.: a)

Heinrich Hagenschneider hatte sich als Droschkenunternehmer in Münster selbständig gemacht. Am 5. August 1888 ließ er

im »Münsterischen Anzeiger« eine Annonce erscheinen: »Mit Genehmigung des wohllöblichen Magistrats eröffne ich am 8. d. Mts in hiesiger Stadt ein Omnibus-Strassen-Fuhrwerk.« Die drei Pferde-Omnibus-Linien verliefen vom Bahnhof zum Gericht und vom Prinzipalmarkt zum Alten Schützenhof an der Hammer Straße bzw. zur Ecke Warendorfer Straße/Kaiser-Wilhelm-Ring. 10 Pfennige war der Fahrpreis. Acht bis zehn Passagiere konnten den Pferdebus besteigen. Im Jahr 1900 ging das Busunternehmen in Konkurs. Im Jahr darauf fuhr die erste elektrische Straßenbahn in Münster.

An der Dampfschifffahrt, die tatsächlich zwischen 1883 und 1896 auf der Werse zwischen der Sudmühle und der Pleistermühle betrieben wurde, hat sich Heinrich Hagenschneider nicht beteiligt. Als der Tierarzt John Boyd Dunlop 1888 den Luftreifen patentieren ließ, endete die Ära der Hochräder.

41.: a)

Zwergengestalten, die als Vorbild für den scherzhaft gemeinten Spitznamen eines kleinwüchsigen Menschen herhalten könnten, gibt es in der europäischen Märchen- und Sagenwelt zur Genüge. Aber Professor Boerne ist bekennender Opernfan. Von allen Zwergen kam daher wohl nur der Alberich aus Richard Wagners »Rheingold« in Frage. Schließlich wird Giuseppe Verdis Hofnarr Rigoletto eher als bucklig denn als zwergenhaft beschrieben.

51.: c)

Der Trauerschwan oder Schwarzschwan (wissenschaftlich Cygnus atratus) stammt aus Australien. Er ist das Wappentier des Bundesstaats Western Australia und ziert auch die Flagge dieses Staats. 1791 kamen die ersten Trauerschwäne nach England und wenig später nach Frankreich. Seit etwa 1850 werden sie in Deutschland und Frankreich erfolgreich nachgezüchtet. Wohin immer Petra entflogen ist, in Deutschland wäre sie nur eines von geschätzt fünfzig Exemplaren, die über das ganze Land verstreut in Freiheit leben.

Am 14. September 2006 verspottete die *tageszeitung* (*taz*) die dpa-Journalistin Juliane Albrecht als »Gurke des Tages«. Albrecht hatte ihrem »Peter«-Report den alliterierenden Titel gegeben: »Tragische Liebesgeschichte: Trauerschwan hält Tretboot die Treue«. Die *taz* kommentierte das mit der Bemerkung: »Spätestens seit Wagners wahnsinnigen Wotan-Wallungen gilt: Das Staffeln steifer Stammsilben in stupiden Stabreimen ist als stoffelige Stilfigur stets stilloser Stuss.«

61.: b) und c)

Das 1607 begründete Gasthaus führte zunächst den Namen »In die drei Könige«. 1765 wurde es in »Zum Cardinal« umbenannt. Als Johann Bernhard Leve in der napoleonischen Zeit Besitzer wurde, gab er dem Haus seinen Namen. Auch die Adresse hat sich zwischenzeitlich geändert. Bis 1974 hieß die Altstadtstraße Telgter Straße. Als 1975 Umlandgemeinden Teile Münsters wurden, mussten einige Straßen neue Namen erhalten um Doppelungen und damit postalische Missverständnisse zu vermeiden. Eine Telgter Straße gab und gibt es auch in Wolbeck. Der Straßenabschnitt, an dem das Alte Gasthaus Leve lag, wurde nun der benachbarten Straße Alter Steinweg zugeschlagen.

71.: c)

Dieser Carl Schuhmann war schon ein sportliches Allroundtalent. Neben dem Turnen – dreimaliger Gewinner – und dem beidarmigen Gewichtheben belegte er auch in der Leichtathletik – Weitsprung, Dreisprung und Kugelstoßen – vordere Plätze, wenn es hier auch nicht zu einem Medaillengewinn reichte. Dafür gewann Schuhmann überraschend den Wettbewerb im Ringen. Da der Sieger erst feststand, wenn er den Unterlegenen »geschultert« hatte, dauerte der Wettkampf über eine Stunde (die genauen Zeitangaben schwanken in den Quellen) und wurde am ersten Tag durch das Verschwinden des Tageslichts unterbrochen.

Ein Münsteraner als Olympiasieger im Radsport hätte der Leezenmetropole Münster sicherlich gut zu Gesicht gestan-

den. Tatsächlich startete Bernard Knubel aus Münster beim 100-Kilometer-Runden-Rennen im Velodrom Neo Faliro. Er wurde aber von Wadenkrämpfen geplagte und gab nach der Hälfte der Strecke auf. Zu weiteren Radrennen hatte Knubel ebenfalls Meldungen abgegeben, trat aber nicht mehr zum Start an.

Eine Unterbrechung des Straßenrennens von Athen nach Marathon und zurück durch ein Gewitter ist reine Erfindung des Fragenautors. Nicht erfunden ist aber die Anekdote, dass der spätere Gewinner, es war der Grieche Aristidis Konstantinidis, auf dem Rückweg nach zwei Pannen ein fremdes Fahrrad lieh und damit gewann.

Der Doppelpartner des John Pius Boland beim Tennisturnier war in der Tat ein Deutscher, allerdings hieß er nicht Carl Schuhmann, sondern Friedrich Adolf Traun. Der Hamburger war wie Schuhmann nicht auf eine einzige Sportart fixiert. Er war auch ein erfolgreicher Leichtathlet. Im Jahr nach den Athener Spielen war er der erste Deutsche, der im Weitsprung über die Sechs-Meter-Marke sprang.

Einen Einspruch der griechischen Finalgegner wegen der zwei Nationalitäten der Doppelsieger und eine dadurch begründete Unterbrechung des Matches hat es nicht gegeben.

81.: b)

In Riga, der Hauptstadt Lettlands, hat sich im 14. Jahrhundert die Große Gilde oder Sankt Mariengilde gebildet. Ihr gehörten nicht nur die Kaufleute an, sondern auch andere reiche Bürger der Stadt, etwa Pastoren und Beamte, die ihren Einfluss im Handel und Wandel Rigas geltend machen wollten. Ein Zeugnis der merkantilen Beziehungen der Rigaer Bürger zu anderen Hansestädten bis hin nach Münster ist die reich ausgestattete Stube von Münster im Gildehaus, das aus dem 13. Jahrhundert stammte. Dieses ursprüngliche Gildehaus steht nicht mehr am Livenplatz (Līvu Laukums). Es wurde Mitte des 19. Jahrhunderts durch einen neuen Bau im neogotischen Stil ersetzt, in das aber die Münsterstube und die historische Brautkammer übernommen wurden.

2.: a)

Der dreizehnte Asterix-Band »Asterix und der Kupferkessel« wurde vom langjährigen Baas der Niederdeutschen Bühne, Hannes Demming, und den beiden als »Bullemänner« bekannten Kabarettisten Augustin Upmann und Heinz Weißenberg ins Münsterländer Platt übersetzt und erschien im Jahr 2000. Auf die Übersetzung der anderen Bände wartet der Fragenautor seit Jahren – leider bisher vergeblich. Der 19. Band »Der Seher« könnte dann vielleicht den Titel »Asterix un de Spökenkieker« betitelt werden und aus Band 27 »Der Sohn des Asterix« könnte »Asterix un sien Suon« werden.

12.: b)

Drogenprobleme bei Keith Richards und Brian Jones? Die gab es in ihrer kurzen bzw. langen Karriere reichlich. Aber nicht in Münster. Mick Jagger hat Charlie Watts genervt? Sicher, und nicht nur einmal. Aber dass der disziplinierte Musiker Watts sich schmollend in der Garderobe einschließt und sich weigert aufzutreten – erfunden!

Bill Wyman hatte allerdings Pech mit seinem Auto. Am Kamener Kreuz ging es nicht mehr weiter. Aber weil Wyman 1955 bis 1957 als Soldat in Oldenburg stationiert war, konnte er den Männern von der Autobahnpolizei klarmachen, dass er unbedingt ein Taxi brauchte. Die Beamten gaben dem Taxi auf den letzten Metern gar polizeilichen Geleitschutz. Radebrechend hatte der Bassist ihnen zu verstehen gegeben: »Ohne mir können Kumpel nix kreischen«.

22.: a)

Die Aldegrever-Gesellschaft e. V. hat sich nach dem bedeutendsten Kupferstecher Westfalens benannt, der hauptsächlich in Soest lebte und wirkte, aber als Protestant auch aus dem katholischen Münster Aufträge erhielt. Sein eigentlicher Name Trippenmäker ist womöglich von dem Beruf seines Vaters herzuleiten, der ein bürgerlicher Holzschuhmacher war.

Heinrich Brabender und Heinrich Beldensnyder sind ein

und dieselbe Person. Die Familie dieses für den nordwestdeutschen Raum wichtigen Bildhauers der Spätgotik kam wahrscheinlich, wie der eine Name andeutet, aus dem niederländischen Brabant, sein anderer Namen Beldensnyder, unter dem er auch in den Quellen genannt wird, hängt wohl mit seinem Beruf als »Bilderschneider« zusammen.

32.: b)

Dom Pedro II., der Kaiser von Brasilien, sah sich eher als Gelehrten denn als Potentaten. 1876 besuchte er Heinrich Schliemann, der Ausgrabungen in Mykene unternahm. Pedro war auch Mitbegründer des Institut Louis Pasteur in Paris und unterstützte Richard Wagner beim Bau des Festspielhauses in Bayreuth. Als 1877 der Zug mit dem Kaiser in Münster hielt, stieg der Monarch aus und begab sich zum Krummen Timpen. Dort wohnte ein alter Bekannter, nämlich Alexander Heimbürger, der als »Herr Alexander« in den vierziger und fünfziger Jahren in Amerika zu einem Zauberkünstler der Spitzenklasse geworden war. 1852 waren sich die beiden in Rio de Janeiro begegnet, als Herr Alexander dem Herrscher seine Zauberwunder vorführen durfte. Und nun stattete Dom Pedro dem ehemaligen Zauberstar, der sich in seiner Heimatstadt Münster als Privatier niedergelassen hatte, eine Art Gegenbesuch ab.

Sophie von Württemberg, die Frau des niederländischen Königs, starb zwar im Jahre 1877 im Huis ten Bosch bei Den Haag, allerdings erst am 3. Juni. Ein Abstecher Wilhelms I. auf der Rückreise von ihrer Beerdigung wäre im April wohl etwas zu früh gewesen.

Peter Leopold Kaiser war als Bischof von Mainz bereits 1848 gestorben. Er konnte unmöglich zum 25. Katholikentag reisen, der überdies 1877 in Würzburg, nicht in Münster, abgehalten wurde. Kaisers Nachfolger im Mainzer Bischofsamt wurde 1850 übrigens der gebürtige Münsteraner Wilhelm Emmanuel von Ketteler.

42.: b)

Friederike Kempter ist in Stuttgart geboren, Claus Dieter Clausnitzer in Saarbrücken. Allein Mechthild Großmann kann sich bei Dreharbeiten zu den *Tatort*-Episoden in Münster »ganz wie zu Hause« fühlen. Sie wurde hier geboren und wuchs als viertes Kind nach drei Brüdern im Kreuzviertel auf. Schon vor dem Abitur an der Marienschule nahm sie Ballettunterricht und begann zu tanzen. Nach der Schauspielausbildung in Hamburg spielte sie in Bremen, Stuttgart und Bochum Theater und gehörte seit 1976 zum renommierten Pina Bausch Tanztheater in Wuppertal.

52.: c)

Der Brillenpinguin Sandy kam 1996 im Nürnberger Zoo zur Welt und mit fünf Monaten in den Allwetterzoo nach Münster zu Pfleger Peter Vollbracht. Zu ihm entwickelte sie – Sandy ist eine Pinguindame – ein besonders inniges Verhältnis. Sandy folgte dem Pfleger auf Schritt und Tritt. Sie trat mit ihm in Fernseh- und Hörfunksendungen und in Kindervorstellungen des Theaters in Münster auf. Erst als Peter Vollbracht erkrankte und zwei Monate lang nicht im Zoo arbeiten konnte, wandte Sandy ihr Augenmerk einem Artgenossen zu. Pinguin Tom wurde ihr neuer Lebensgefährte und Vater ihrer Pinguinküken. Nach Toms frühem Tod an einer bakteriellen Infektion im Jahr 2009 rückte der Pfleger Peter für eine Zeitlang wieder in den Mittelpunkt. Mittlerweile ist Sandy mit Pinguinmännchen Hermann liiert.

Sandy ist wahrscheinlich die einzige Pinguindame, die einen Eintrag in der Internet Movie Database (IMDb) hat. Ihr Auftritt als Pinguin »Schulze«, der von zwei Kindern entführt wird, um die Schließung eines Zoos zu verhindern, verhalf ihr dazu. Ihre Leistung in dem Fernsehfilm »Zoogeflüster – Komm mir nicht ins Gehege« wurde vom Filmportal kino.de im Internet so bewertet: »Sowohl die Kinder als auch der heimliche Star des Films, ein Pinguin namens Herr Schulze, machen ihre Sache prima. Für die eigentlichen Hauptdarsteller gilt das nicht so ganz: [...sie...] agieren merkwürdig verkrampft.«

Zoogeflüster: Brillenpinguine unter sich.

62.: c)

Vielleicht wird das Promi-Kellnern von Leonard Lansink zu Gunsten der Krebsberatungsstelle ja einmal um die Serviceangebote Schuhwichsen und Fahrradputzen erweitert. Immerhin hat Schauspielerkollege Heinrich Schafmeister alias »Manni« Höch auch schon Stadtrundfahrten mit dem legendären roten Volvo durchgeführt, den Wilsberg sich in der Serie immer von »Manni« lieh. Dabei haben Lansinks prominente Unterstützer alle Hände voll zu tun, ihre Getränketabletts unfallfrei an die Tische zu balancieren, an denen es sich die Gäste im Freien – seit 2009 auf den Aasee-Terrassen – gut gehen lassen. Abkassiert werden muss ja auch noch. Unterstützt werden sie dabei, vor allem beim blasenfreien Zapfen, von Profis aus der Münsteraner Gastronomie.

72.: a)

Alle drei heißen Kindermann, aber nur Manfred, der Volleyball-Pionier, ist Münsteraner. Bevor die Damen des USC in die deutsche Volleyball-Elite aufstiegen, waren die Herren von 1965

bis 1970 Serienmeister in ihrer Sportart. Als Zuspieler stand Manfred Kindermann auch 71mal in der deutschen Nationalmannschaft und betreute sie bei den Olympischen Spielen 1972 als Trainer. Den siebten und achten Meistertitel mit dem erst 1961 als Universitäts-Sportclub gegründeten Verein holte sich Kindermann als Trainer in den Jahren 1971 und 1972. Bis 2003 war der Spezialist für die Trainingslehre des Volleyballs Dozent an der Westfälischen Wilhelms-Universität.

Der Vorsitzende des Kontrollausschusses des DFB, der in der Abwicklung des Bestechungsskandals der Bundesliga in den Jahren 1971 und 1972 fast täglich in den Schlagzeilen auftauchte, hieß Hans mit Vornamen.

Und der Mannschaftsarzt der Olympiamannschaften und der Fußball-Nationalmannschaft war der ehemalige 400-Meter-Sprinter Wilfried Kindermann vom USC, allerdings vom USC aus Heidelberg.

3.: a)

Von allen nützlichen Gegenständen, die Blinden und Sehbehinderten das Leben erleichtern, werden in der Harkortstraße nur Blindenhörbücher produziert und verschickt. Die Westdeutsche Blindenhörbücherei produziert die Hörbücher mit professionellen Sprechern und Sprecherinnen selbst in ihren Tonstudios. Sie verschickt jährlich fast 400.000 Audio-Dokumente an rund 9.000 Menschen, vorwiegend in Westdeutschland, aber auch in andere Teile Deutschlands und ins Ausland. Der Versand und die Rücksendung der Hörbücher als Blindensendung sind portofrei.

13.: a) und c)

Bekannter als unter seinem bürgerlichen Namen ist Maximilian Lenz (*1965) als DJ, Musiker, Labelinhaber, ehemaliger Veranstalter der Mayday-Partys und Autor unter seinem Pseudonym WestBam. Es hat nichts zu tun mit einer (westlichen) Baikal-Amur-Magistrale, die als Eisenbahnstrecke parallel zur Transsibirischen Eisenbahn verläuft und kurz BAM genannt wird. WestBam steht vielmehr für Westfalia Bambaataa und bezieht sich auf den US-amerikanischen HipHop-DJ und -veranstalter Afrika Bambaataa, den sich WestBam als Vorbild genommen hat. Ende der 1970er Jahre spielte Maximilian Lenz bereits in Münster Bass, Schlagzeug und Synthesizer in einer Punk-Band. Zu dieser Zeit nannte er sich Frank Xerox, angelehnt an die Fa. Rank Xerox.

23.: b)

Das theologische Spezialgebiet von Joseph Bautz (1843-1917) war die Eschatologie, die Lehre von den »letzten Dingen«. In nicht einmal zehn Jahren veröffentlichte er zwischen 1877 und 1886 darüber fünf Werke:

- »Die Lehre vom Auferstehungsleibe nach ihrer positiven und speculativen Seite dargestellt« (1877)

- »Der Himmel. Spekulativ dargestellt« (1881)
- »Die Hölle. Im Anschluß an die Scholastik dargestellt« (1882)
- »Das Fegfeuer. Im Anschluß an die Scholastik, mit Bezug nahme auf Mystik und Ascetik dargestellt« (1883) und
- »Weltgericht und Weltende. Im Anschluß an die Scholastik und die neuere Theologie dargestellt« (1886)

In dem Werk über die Hölle hat Bautz deren Topographie erkundet und dargestellt. Demnach ist sie in vier »receptacula« unterteilt, die sich alle im Inneren unserer Erde befinden. Die eigentliche Hölle ganz unten teilt sich ihr Feuer mit dem Purgatorium, dem Fegefeuer, damit dieses den dort versammelten armen Sünderseelen umso mehr zur Betrübnis, zur Verdemütigung und zur Läuterung diene. Der Höllenraum im Erdinneren sei groß genug um alle sündhaften Menschen aufzunehmen, die bis zum Weltengericht die Erdoberfläche bevölkerten und bevölkern. Ganz nebenbei hat sich Bautz mit dieser Höllentopographie auch um die Naturwissenschaften verdient gemacht. Er konnte damit für viele seiner gläubigen Leser den Ursprung der Vulkane erklären. Sie sind nichts anderes als die Schlote des Höllenfeuers. So hat sich dieser Münsteraner Gelehrte den Spitznamen »Höllen-Bautz« redlich verdient.

33.: a)

Über den Tod des Franz Wernekinck schrieb Annette von Droste-Hülshoff zwei Monate später in einem Brief: »Vielleicht hast du noch nichts vom Tode des alten Professor Wernekinck gehört […] Dieser gute Mann war nämlich sehr fromm und wohltätig, weit mehr, wie es bekannt ist; er behandelte viele Arme unentgeltlich und trieb das so ganz im stillen.[…] So hatte er sich auch an einem Februarabend, wo es bitter kalt und er sehr unwohl war, auch herausgemacht. Auf der Straße begegnet ihm noch ein Bekannter, der sagt: »Herr Rat, Herr Rat, bei dem Wetter und in Ihrem Alter!« Kaum zwanzig Schritte weiter

gleiten ihm seine armen alten Beine aus, er fällt hin wie ein Block, so fürchterlich, daß die Hirnschale bricht, ein Splitter ins Gehirn dringt und er fast auf der Stelle tot ist.«

43.: a) und b)

Als Maximilian Franz von Österreich, der jüngste Sohn der Kaiserin Maria Theresia, 1801 starb, galt es als ausgemacht, dass sein 22jähriger Neffe Anton Viktor ihm auf den Bischofsstühlen im Erzbistum Köln und im Bistum Münster nachfolgen sollte. Beide Domkapitel wählten auch wunschgemäß den Kandidaten aus dem Hause Habsburg. Die politischen Verhältnisse in der Folge der Französischen Revolution verhinderten aber, dass er seine Ämter antreten konnte. Das linksrheinische Köln war von französischen Truppen besetzt und in Münster marschierten preußische Truppen ein. Preußens König Friedrich Wilhelm III. erhielt als Entschädigung für linksrheinische Gebietsverluste Land und Leute in Westfalen. Das Fürstbistum Münster als eigenständiger geistlicher Staat war Geschichte. Erst neunzehn Jahre später bekam Münster mit Ferdinand von Lüninck wieder einen Bischof, wenngleich ohne Befugnisse, die über sein religiöses Amt hinausgingen. Zum zweiten Amtsnachfolger Lünincks wurde 1846 Bernard Georg Kellermann gewählt. Bevor er aber in sein Amt eingeführt werden konnte, verstarb er am 29. März 1847.

Clemens August Droste zu Vischering, der anders als Kellermann aus altwestfälischem Adel stammte, ist nie zum Bischof von Münster gewählt worden. Sein Bruder Max Kaspar war von 1826 bis 1846 Kellermanns Vorgänger auf dem Bischofssitz. Er machte Clemens August 1827 zu seinem Weihbischof. Der überholte ihn aber bald darauf mit einem kirchlichen Karrieresprung. 1835 wählte das Kölner Domkapitel Clemens August zum Erzbischof von Köln.

53.: a)

Edmund Löns (1880 – 1964) war vierzehn Jahre jünger als sein berühmter Bruder Hermann. Das achte von vierzehn Kindern

eines Gymnasialprofessors besuchte in Münster die Schule und ließ sich von Hermann Landois' Naturbegeisterung anstecken. Anders als sein älterer Bruder blieb Edmund Löns »solide« und machte eine gediegene Ausbildung zum Förster. Zu Beginn des 20. Jahrhunderts begann er mit der Reinzucht des Kleinen Münsterländers. Eine der bekanntesten Zuchthündinnen aus dem Löns'schen Zwinger hieß »Kesselflickers Flora«.

Leonard (1837 – 1902), der Bruder von Hermann Landois, studierte nach der Schulzeit am Gymnasium Paulinum Medizin, promovierte mit einer Arbeit »Über der Haarbalgparasiten des Menschen« und wurde ein angesehener Physiologe. Mit der Hundezucht hatte er ebenso wenig zu tun wie ein Clemens Ferdinand Christoph von Romberg, den man wohl in den Stammbäumen des westfälischen Adels vergeblich suchen wird, weil er gänzlich erfunden ist.

63.: c)

Seitdem im Jahr 1980 ehemalige Hansestädte in der niederländischen Stadt Zwolle die Neue Hanse als größte freiwillige Städtegemeinschaft gegründet haben, finden jährlich Hansetage der Neuzeit in einer der Mitgliedsstädte statt. 1993 war Münster, das in diesem Jahr das 1200jährige Bestehen feierte, Gastgeber der Hansetage und erhielt als Gastgeschenk der übrigen Städte einen typischen Stein. Das Motto des 13. Hansetags war »Die Rolle der Städte beim Wiederaufbau Europas«. »Das Lächeln der Vergangenheit« war das Motto des 25. Hansetags 2005 in Tartu (Estland), »Hanse – Band ohne Grenzen« war 1991 das Motto in Wesel.

73.: c)

Adolph von Wrede landete 1826 in Smyrna (heute Izmir in der Türkei) und reiste in den folgenden Jahren auf eigene Faust oder in türkischen und ägyptischen Diensten kreuz und quer durch den Orient. Als er 1843 seine Reiseaufzeichnungen schrieb, die erst Jahrzehnte später publiziert wurden, wollte ihm niemand die Beschreibungen der Lehmarchitektur in Hadra-

maut mit ihren mehrstöckigen Wohnbauten glauben. Die ganz ähnlichen Bauten in der jemenitischen Hauptstadt Sana'a haben dieser 1988 zu einem Eintrag in die UNESCO-Weltkulturerbe-Liste verholfen. In den achtziger Jahren des 19. Jahrhunderts fand man in der südarabischen Wüste obendrein Naphta, also Erdöl. Gut möglich, dass die vom Wüstenboden verschluckte Schnur in den Hohlraum einer Ölquelle geglitten ist.

Die Mayastädte in Guatemala und Mexiko waren zum Teil schon missionierenden Mönchen in der spanischen Kolonialzeit bekannt, wenngleich sie ziemlich unbeachtet blieben. An ihrer »Wiederentdeckung« und Erforschung im 19. Jahrhundert hatte Adolph von Wrede aber keinerlei Anteil. – Der Ausdruck »Türme des Schweigens« für die Dachmas, die Orte der »Himmelsbestattung« der zoroastrischen und parsischen Religion, hatte schon 1832 der britische Kolonialdolmetscher Robert Murphy geprägt. Dass die Leichname im alten Persien Vögeln vorgesetzt wurden, hatte allerdings schon der alte Herodot im 5. Jahrhundert v. Chr. gerüchteweise gehört (vgl. Historien, 1. Buch, Abschnitt 140).

4.: a), b) und c)

Wenn sich der Münsteraner etwas in der Zoologie auskennt, wird er die Bandwurmlarve und die Rückenflosse von Hai, Delphin und Wal als Finne kennen. Rackewelt (d. h. spricht) er obendrein noch Masematte, so wird er, wenn er mit brand und zimone (also mit Durst) ins pichelbeis (also in die Kneipe) kommt, eine finne oder lowine (also ein Glas oder eine Flasche Bier) ordern. Ambulante Händler, Hausierer, Kleingewerbetreibende und weitere nicht mit reichlich balachesen (Geld) gesegnete Teile der Bevölkerung haben auch in anderen Gegenden ihre Sondersprachen entwickelt. Aber nur in Münster spricht und versteht man Masematte.

14.: a) und b)

Das Singspiel »Ali Pascha von Janina«, dessen Handlung ein wenig an Mozarts »Entführung aus dem Serail« erinnert, wurde am 1. Februar 1828 in Münster uraufgeführt. Am 15. November des gleichen Jahres folgte die erste Aufführung von Lortzings Oratorium »Die Himmelfahrt Christi«. Sie bekam die naserümpfende Bemerkung des Regierungspräsidenten, der Schauspieler Lortzing habe »als Compositeur durchaus keinen Ruf«. Das sollte sich allerdings im Lauf der Zeit ändern.

Die etwa einstündige Oper »Die Opernprobe« (Untertitel: »Die vornehmen Dilettanten«) ist das letzte Werk Lortzings, das zu Lebzeiten uraufgeführt wurde. Seine Premiere hatte es am 20. Januar 1851 in Frankfurt am Main. Am folgenden Tag starb Albert Lortzing in Berlin.

24.: a)

Der Druffelsche Hof ist das einzige der genannten ehemaligen Adelspalais, das in der Königsstraße steht. Es ist in der Tat das Domizil des Kunstmuseums Pablo Picasso Münster. Die Landsbergsche Kurie steht in der Pferdegasse. Hier findet man das Geomuseum der Universität, das zuvor Geologisch-Paläontologisches Museum hieß. Vom Romberger Hof in der Neubrückenstraße ist nichts mehr als die Fassadenruine des Mittel-

risaliten (ein mittig in der Fassede stehender Vorsprung) erhalten. Sie wurde Mitte der 1950er Jahre in den Neubau des städtischen Theaters integriert.

34.: c)

Mit einigen wenigen Kenntnissen der französischen Literatur des letzten Jahrhunderts konnte man – im Ausschlussverfahren – richtig raten. Aimé Césaire (1913-2008) war nach Studienjahren in Frankreich 1939 auf seine Heimatinsel zurückgekehrt, engagierte sich dort während des Krieges gegen das Vichy-Regime, hat aber nie in Europa in der französischen Armee gekämpft. Frantz Fanon (1925-1961) wurde als blutjunger Kriegsfreiwilliger verwundet und mit dem *Croix de guerre* ausgezeichnet. Er war aber weder als Kriegsgefangener noch als Besatzungssoldat in Deutschland. Als die alliierten Truppen den Rhein überschritten, wurden zahlreiche Einheiten, die von Fotojournalisten begleitet wurden, »gebleicht« und alle dunkelhäutigen Soldaten nach Frankreich zurückgeschickt. Da Fanon bereits 1961 gestorben ist, konnte er 1981 kein Interview mehr geben, in dem er sich an die Gefangenschaft im Stalag VI f erinnert hätte.

So bleibt Léopold Sédar Senghor (1906-2001), der nach 1940 in verschiedenen Kriegsgefangenenlagern in Deutschland und in Frankreich gefangen gehalten wurde und sich vierzig Jahre später – mit wohl etwas verklärtem Blick – an seine Zeit in Münster erinnerte.

44.: b)

Hille Feicken war eine Täuferin aus Sneek in Westfriesland, die wie viele andere nach Münster gezogen war. Während der Belagerung durch die Truppen des Bischofs Franz von Waldeck hatte sie die Täuferführer um Jan van Leyden gebeten, sie ins Lager des Bischofs ziehen zu lassen, wo sie diesen als Feind der Stadt und des Evangeliums töten wollte. Sie eiferte darin der alttestamentarischen Judit nach, die den assyrischen Feldherrn Holofernes bei der Belagerung von Betulia in seinem Zelt mit seinem eigenen Schwert enthauptete. Hille Feicken wurde aber

von bischöflichen Soldaten aufgegriffen. Nach Verhör und Folter wurde sie hingerichtet.

Auch 1120/21 war Münster vom eigenen Bischof belagert worden. Damals fand sich aber keine »Judit von Münster«, die versucht hätte, ihre Stadt vor der Eroberung, Plünderung und der Brandkatastrophe zu bewahren.

1806/1807 gab es ebenfalls keine Bürgerin, die mit einem Attentat auf den französischen Generalgouverneur Münster hätte befreien wollen. Und überhaupt: Die Französische Revolution hatte die Folter als Instrument der Wahrheitsfindung aus der Welt geschafft.

54.: b)

In der Nähe des Buddenturms an der Kreuzschanze erinnerte ein Denkmal des Bildhauers Wilhelm Bolte an den Forstzoologen und Vogelfreund Bernard Altum. Im Zweiten Weltkrieg wurde es zerstört. 1962 wurde an seine Stelle eine Skulptur des Tierplastikers Arnold Schlick aufgestellt, das auf einem Sockel einen Uhu zeigt.

64.: a)

Christel Schulz war es nie vergönnt, an Olympischen Spielen teilzunehmen. Für die Spiele in Berlin 1936 war sie noch zu jung, als deutsche Sportler 1952 in Helsinki wieder mitmachen konnten, hatte sie ihre Sportkarriere längst beendet und in Biologie promoviert. Aber am 30. Juli 1939 schrieb sie beim Internationalen Stadionfest (ISTAF) in Berlin Leichtathletikgeschichte. Sie sprang 6,12 Meter weit und verbesserte damit den elf Jahre alten Weltrekord der Japanerin Hitomi Kinue um 14 Zentimeter. Zweite bei dem Berliner Wettbewerb wurde übrigens mit exzellenten 5,97 Metern die Niederländerin Fanny Blankers-Koen, die bei den Olympischen Sommerspielen 1948 in London gleich vier Goldmedaillen gewann – allerdings nicht im Weitsprung.

Die erste Frau, die zwei Meter hoch sprang, war Rosemarie Ackermann aus der DDR (am 26. August 1977 in Berlin); Liesel

Westermanns erster Mehr-als-60-Meter-Wurf mit dem Diskus – und damit Weltrekord – gelang am 5. November 1967 in São Paulo (61,26 Meter).

74.: b)

Alle drei waren als Leutnante Angehörige des preußischen Militärs, bevor sie sich in der Revolution von 1848 und 1849 auf die Seite der rebellierenden Bürger stellten. Wie so viele Achtundvierziger emigrierten sie in die USA. Als dort 1861 der Bürgerkrieg ausbrach, war die militärische Ausbildung und Erfahrung von Anneke, Weydemeyer und Schimmelfennig den Truppen der Nordstaaten und ihren Freiwilligenverbänden von Nutzen. Soweit die Gemeinsamkeiten. Die anderen biografischen Details passen aber nur zu dem gebürtigen Münsteraner Joseph Weydemeyer.

5.: c)

Das Gruetamt kassierte von den Bierbrauer(inn)en in Münster nicht nur die Gruetsteuer, sondern achtete auch darauf, dass nur die als Gruet bezeichnete Kräutermischung zum Brauen verwendet wurde. Welche Pflanzen im Einzelnen mit den im Buch als Importe verzeichneten Porsen, Sermentagen und Beckeler gemeint waren, ist heute nur noch teilweise nachzuvollziehen.

Porsen oder Porßen war wohl der Gagelstrauch (Myrica gale), der in den Moor- und Heidegebieten des Münsterlandes und der Niederlande wuchs und heute auf der Roten Liste der bedrohten Pflanzenarten steht. Lieferanten war laut Gruetamtsrechnungen örtliche Händler, aber auch ein Lüneburger Kaufmann.

Sermentagen wird Laserpitium siler gewesen sein, das Berg-Laserkraut, das auch Rosskümmel, Bergkümmel oder Seselkraut genannt wird. Es wächst in den europäischen Gebirgen, etwa in den südlichen Alpen. Dass das Kraut in den Rechnungen als »kattelonyes sermentagen« benannt wird, deutet auf seine Herkunft aus Katalonien oder dem Pyrenäenraum hin.

Auch Beckeler musste importiert werden und kam oft mit Frachten aus Antwerpen nach Münster. Unklar und am Namen nicht mehr recht ablesbar ist, ob damit der Lorbeer (Laurus nobilis), der Seidelbast (Daphne laureola) mit pfeffrig scharfen Beeren, ob Heidel- und Preiselbeeren oder ob der Wacholder (Juniperus), der in Westfalen auch Beckholder heißt, mit dieser Würzpflanze gemeint war.

Die Antworten a) und b) entsprangen der reinen Fantasie des Autors.

15.: b) und c)

Schlagersänger Roland Kaiser, geboren in Berlin, wohnte lange Jahre in Münster. Zwischenzeitlich hat er in seiner Heimatstadt im Stadtteil Zehlendorf gewohnt. 2008 kehrte aber nach Münster zurück und wohnt mit seiner Frau und den Kindern in Gievenbeck.

Auch Howard Donald, geboren in Manchester, den Sänger der Boygroup Take That, hat es nach Münster verschlagen.

Der selbsternannte »König von Mallorca« Jürgen Drews, geboren in Nauen bei Berlin, hat selbstverständlich seine Residenz auf der Mittelmeerinsel in Form seines »Kultbistros« »Der König von Mallorca« in Santa Ponça. Seine Zeit in Deutschland verbringt er in seinem zweiten Domizil in Dülmen-Rorup, das zwar nahe bei Münster liegt, aber nicht dazu gehört.

25.: a)

Auf dem Alfred-Flechtheim-Platz steht die über acht Meter hohe Überfrau, die Tom Otterness 1993 als »Kunst am Bau« für den Neubau der Stadtbücherei geschaffen hat. Rund um die Skulptur herum und auf den stählernen Gerüststreben, die die Kontur eines Frauenkörpers formen, sind rund fünfzig kleine Bronzefiguren zu sehen. Diese Figuren sind mit verschiedenen Gegenständen und Werkzeugen beschäftigt. Neben fünfzehn Ein-Pfennig-Münzen erkennt man Schrauben, Schraubenschlüssel, Bücher, Schreibgerät und Schreibpapier. Zu Füßen der Überfrau sind auch ein bronzener Hammer und eine Sichel platziert. Die Deutung dieser für Otterness-Ensembles typischen Figurinen bleibt dem Betrachter überlassen. Darin eine Propagierung kommunistischen Gedankenguts zu vermuten, wäre aber wohl eine sehr gewagte Interpretation.

Der österreichischen Bildhauer Alfred Hrdlicka hat sich sehr wohl als Kommunisten gesehen, wenn auch nicht als sehr parteifrommen. In Münster hat er aber keine seiner Skulpturen in den öffentlichen Raum gestellt. Dennoch: das Täuferreich des 16. Jahrhunderts hat ihn mehrmals zu Arbeiten angeregt, vor allem zu zeichnerischen und druckgrafischen Arbeiten. In der großen Ausstellung »Das Königreich der Täufer«, die von September 2000 bis März 2001 im Stadtmuseum gezeigt wurde, war eine aktuelle Arbeit Hrdlickas zu sehen. Es handelte sich um eine farbig lavierte, 2000 entstandene Kohlezeichnung mit dem Titel »Bernd Knipperdollinck tanzt vor König Jan van Leiden«.

35.: b)

Paris war dem hugenottischen König Heinrich IV. bekanntlich »eine Messe wert«, als er zum Katholizismus konvertierte, um französischer König werden zu können. Auch Münster war wohl manchem Adelsmann »eine Messe« wert.

Franz von Waldeck war nicht nur Bischof in Münster, sondern auch in Osnabrück und Minden. Er versuchte nach der Beseitigung der Täuferherrschaft die Reformation in allen drei Bistümern einzuführen. Dann hätte er sein Verhältnis zu seiner Mätresse Anna Pohlmann legalisieren und einem Nachkommen ein erbliches Fürstentum vererben können. Daraus wurde nichts. Nur in Minden und Osnabrück fasste die Reformation dauerhaft Fuß. Da Franz bereits um 1491 geboren wurde, konnten seine Eltern schlechterdings noch nicht protestantisch sein.

Das Herzogtum Jülich-Kleve-Berg war im 16. Jahrhundert konfessionell gemischt. Johann Wilhelm, der zweite Sohn des Herzogs Wilhelm V., wurde jung für eine geistliche Laufbahn ausgewählt und wurde mit zwölf Jahren bereits Bischof von Münster. Nach dem frühen Tod seines älteren Bruders war er aber auch Thronfolger für das niederrheinische Herzogtum seines Vaters und dankte bei der ersten passenden Gelegenheit als Münsteraner Bischof ab.

Generationen später waren die Linien zwischen den Konfessionen beim norddeutschen Adel durchaus noch nicht einheitlich gezogen. Als der kurländische Erbmarschall Dietrich von Galen bei einem Landtag in Münster den münsterischen Erbmarschall Gerd Morrien tötete, wurde der junge Christoph Bernhard von Galen zum De-Facto-Waisenkind. Denn Vater Dietrich wurde auf der Burg Bevergern zwölf Jahre lang unter Arrest gehalten und seine Frau folgte ihm dorthin. Der Onkel, der sich nun um den Knaben kümmerte, war aber nicht protestantisch wie die Eltern, sondern strikter Katholik. Die entsprechende Erziehung bei den Jesuiten qualifizierte den späteren Bomben-Bischof dann für die religiöse Seite seines Amtes. Aber die Rolle als Machtpolitiker, Landesherr und Militär behagte ihm doch mehr. Die Stadt Münster und die Niederlande konnten ein Lied davon singen.

45.: a)

Tanita Tikarams Vater stammte von den Fidschi-Inseln, die Mutter aus dem nördlichen Teil Borneos, der zu Malaysia gehört. Beide Eltern hatten sich in Großbritannien kennengelernt. Während der Stationierung des Vaters in Münster kam seine Tochter zur Welt und wuchs hier auf. Als sie zwölf Jahre alt war, zog die Familie nach England und Tanita Tikaram lebte in Basingstoke (Hampshire). Mit neunzehn Jahren hatte sie 1988 ihre ersten großen Hits mit »Good Tradition« und »Twist in my Sobriety«.

55.: c)

Wenn man auch den anderen Lösungen eine gewisse Plausibilität nicht absprechen kann, so geht die Bezeichnung Blitzdorf wohl nur auf den stilisierten Blitz an der Straßenbahneruniform zurück.

65.: b)

Die ersten Liveübertragungen von Fußballspielen im Fernsehen kamen 1952 aus Hamburg: am 24. August ein Spiel des Hamburger SV gegen Altona 93 im Versuchsprogramm und am 26. Dezember das Pokalspiel FC Sankt Pauli gegen Hamborn 07 als erste Ausstrahlung im offiziellen Programm. Das Berliner Endspiel 1951 hat also ein Jahr zu früh stattgefunden.
Beim letzten Meisterschaftsendspiel 1963 in Stuttgart lebte Bernhard Ernst nicht mehr. Er war bereits 1957 gestorben.

Da bleibt nur »das Wunder von Bern«. Aber hatte das nicht Herbert Zimmermann kommentiert? Haben wir nicht alle seine Stimme im Ohr: »Kopfball – abgewehrt. Aus dem Hintergrund müsste Rahn schießen – Rahn schießt – Tooooor! Tooooor! Tooooor! Tooooor!« ? Völlig richtig, aber Zimmermann hatte für den viel mehr verbreiteten Rundfunk kommentiert. Beim jungen Medium Fernsehen hatte man es in den Anfangszeiten versäumt, auch die Tonspuren der TV-Übertragungen zu archivieren. Für spätere Generationen sind dann immer die Bilder aus dem Wankdorfstadion mit dem Rundfunkkommentar Zimmermanns unterlegt worden.

75.: a)

»Daher ist unser Vorschlag: die Einführung eines allgemeinen Maaßes für Raum und Zeit, und eines allgemeinen Gewicht- und Münzfußes in allen Staaten Europa's, und die von diesem Welttheile beherrschten, oder abhängigen Länder der übrigen Welttheile… In Absicht des einzuführenden gemeinsamen Münzfußes wäre für das Wesentliche der Sache anzuempfehlen, die Münzen von völlig reinem Metalle zu prägen, um allen Falschmünzereyen vorzubeugen.« So ist in dem von Vagedes und Windgassen verfassten Vorschlag an die Herren des Wiener Kongresses zu lesen. Da blinkt doch schon vor zweihundert Jahren der blanke Euro durch die Zeilen. Und das weit über Europa hinaus!

Vielleicht hätte Herr von Vagedes zuvor ein Europäisches Patentamt, wie es seit 1977 in München angesiedelt ist, erfinden sollen, um seine Idee einer gesamteuropäischen Gemeinschaftswährung patentieren zu lassen. Aber das hat er eben nicht getan. Und in Sachen – ihrer! – Sicherheit und Zusammenarbeit ließen sich die hohen Herren in Wien von keinem bergisch-westfälischen Baudirektor hineinreden.

Von Vagedes und Windgassen haben übrigens angeregt, das Münzsystem wie die zu vereinbarenden Maßsysteme müssten sich am Dezimalsystem orientieren. Dass diese Übernahme einer Neuerung ausgerecht aus dem revolutionären Frankreich dazu geführt hat, dass aus dem Vorschlag nichts wurde, ist nicht anzunehmen, aber es ist auch unerheblich. Der Wiener Kongress hatte »Besseres« zu tun, als sich um Erleichterungen des Lebens der europäischen Bürger zu kümmern: »Der Kongress tanzt, aber er geht nicht weiter«, wie der österreichische Diplomat Fürst von Ligne treffend bemerkte.

6.: c)

Für geflohene Arbeiter aus dem Ruhrgebiet hätte man wohl eher eine Zeltstadt am Stadtrand eingerichtet. Und für das Militär, dessen Stärke durch den Versailler Vertrag *de jure* arg limitiert worden war, gab es eigentlich genug Raum in den zahlreichen Kasernen Münsters. Es war die Reichsbank, die den Lesehallenverein für einige Zeit aus dem Krameramtshaus verdrängte. Sie konnte den Mietpreis von 3000 Goldmark jährlich aufbringen, den der Magistrat gerne annahm, zumal die Miete, die der Lesehallenverein vertragsgemäß zahlte, nur eine symbolische Mark betrug und der Büchereibetrieb nur durch einen städtischen Zuschuss ermöglicht wurde. Geld ging vor Kultur.

16.: c)

Das Treffen von Humburg, Corghi und dem portugiesischen Romancier José Saramago fand 1990 in Lissabon statt. Saramago war von dem vorgeschlagenen Stoff, in den sich der Komponist schon eingearbeitet hatte, angetan. Als Entwurf zur Oper verfasste Saramago ein Drama mit dem Titel »Em nome de Deus« (»Im Namen Gottes«), aus dem sich das Libretto für die Oper entwickelte.

1998 erhielt José Saramago, »der mit Gleichnissen, getragen von Phantasie, Mitgefühl und Ironie, ständig aufs Neue eine entfliehende Wirklichkeit greifbar macht«, so die Begründung der Schwedischen Akademie, den Nobelpreis für Literatur zugesprochen. Darin folgten ihm 1999 Günter Grass und 2005 der britische Dramatiker Harold Pinter. Mit der Oper »Divara« hatten aber beide nichts zu tun.

26.: c)

Die sitzende Figur unter dem Kreuz stellt den Täuferkönig Jan van Leiden als »gescheiterten Erlöser« dar. Seine Herrschaftssymbole liegen zerbrochen zu seinen Füßen. Durch den Plan des »Himmlischen Jerusalem«, das in Münster seinen irdischen Ort finden sollte, zieht sich eine dünne Schnitt- oder Risslinie.

Zu den zerbrochenen Herrschaftssymbolen, die auf dem Boden vor Jan van Leiden liegen, gehören neben einem Skulpturentorso, einem Hakenkreuz und einem Judenstern der NS-Zeit auch Hammer und Sichel. Diese Embleme sollen den Täuferkönig in eine Linie zum Nationalsozialismus und Weltkommunismus des XX. Jahrhunderts stellen. Bert Gerresheim wäre auch die richtige Antwort bei Frage 25 gewesen, wenn er denn dort zur Auswahl gestanden hätte.

36.: c)

Es war der zwanzigjährige Robert Schumann, der sich gerade entschlossen hatte, Berufsmusiker zu werden, als er sich auf der Durchreise so griesgrämig über Münster ausdrückte. Albert Lortzing war seit 1826 am Detmolder Hoftheater engagiert. Münster war ihm von verschiedenen Gastspielen durchaus vertraut. Felix Mendelssohn-Bartholdy, ein Jahr älter als Schumann, war zu dieser Zeit bereits zu einer großen Italienreise aufgebrochen, hatte also keinen Anlass, sich über Münsters Schloss und das Plattdeutsch der Münsterländer zu beschweren. Darf man hinter Schumanns »Cassa«-Notizen den Grund für seinen Trübsinn vermuten? Urteilen Sie selbst: »Am 28sten – Morgens – zu Münster. 1 Louisdor. 4 pr. Thaler. 20 Groschen […] Am 30sten des Morgens zu Paderborn. 2 Thaler 12 Groschen.«

46.: b)

Münsteraner Zoologen holten 2004 zwölf Meerschweinchen aus der bolivianischen Provinz Cochabamba. Sie wollten sie mit Exemplaren ihrer wohlbekannten Wieselmeerschweinchen paaren, weil sie bei denen Inzuchtprobleme befürchteten. Da die Nachzuchtversuche partout nicht zum Erfolg führten, kam der Verdacht auf, es könne sich um eine noch nicht als solche bestimmte neue Species handeln. Genetische Untersuchungen bestätigten diesen Verdacht. Dass das »Münstersches Meerschweinchen« genannte Tier sich auch in seiner Verhaltensweise von den anderen Meerschweinchenarten deutlich abgrenzt, machte es für die Forscher umso interessanter.

Zur Unterfamilie der Australischen Nasenbeutler (Peramelinae) gehören sieben bekannte Arten, von denen eine bereits ausgestorben ist. Von den Zwergmeerkatzen (Miopithecus) sind nur zwei Arten bekannt, die Nördlichen und die Südlichen Zwergmeerkatzen, deren Verbreitungsgebiet durch den Kongofluss gegenseitig abgegrenzt wird. Eine *species monasteriensis* ist bei Beutlern und Meerkatzen – bislang – unbekannt.

56.: a) und b)

Der Überwasserkirchturm verlor gleich zwei Mal seine Turmspitze. Zuerst unter der Täuferherrschaft. Nach ihrem Sturz wurde auf den Turm eine neue Spitze gesetzt, die aber in einem Orkansturm 1704 heruntergerissen wurde. Dieses Mal verzichtete man auf den Wiederaufbau. Einen dritten Verlust durch die Bombardierungen Münsters im Zweiten Weltkrieg, durch die die Kirche auch schwer getroffen wurde, ersparte man sich damit.

Die Geschichte von den drei toten Bauarbeitern und der fürsorglichen Äbtissin des Stifts ist eine fromme, aber komplett vom Autor dieses Buchs erfundene Legende.

66.: b)

Leider verloren die Preußen dieses epochemachende Spiel mit 0:5. Auch die anderen Ergebnisse sind nicht aus der Luft gegriffen. Mit einem 5:0-Sieg über den FC Osnabrück endete am 24. Juni 1907 das allererste offizielle Spiel des Vereins, der damals noch FC Preußen hieß. Eine mehr als ein Jahr dauernde Nur-Trainings-Phase nach der Vereinsgründung 1906 nahm mit diesem Sieg ihr Ende. Und ein 8:1 über Schalke 04 – undenkbar? Nein! Am 29. Januar 1950 sahen 18.000 Zuschauer, wie die »Königsblauen« am 18. Spieltag der Oberliga West im Preußenstadion überrannt wurden.

76.: c)

Einer der Buchschätze, die in der Universitäts- und Landesbibliothek Münster verwahrt werden, ist das Hoya-Missale aus

der Zeit zwischen 1420 und 1430, ein mit zahlreichen farbig ausgeführten Bildornamenten geschmücktes Messbuch. Zwei der künstlerisch wie handwerklich bemerkenswerten Bildinitialen, den großen Anfangsbuchstaben eines Buchabschnitts, zeigen Maria, die das neugeborenen nackte Jesuskind anbetet, und die Anbetung der drei Weisen aus dem Morgenland. Diese weihnachtlichen Motive wurden von der Deutschen Post 2009 ausgewählt und dienten der Künstlerin Elisabeth Hau als Vorlagen für ihren Entwurf.

7.: a)

Für alle Rater, die nicht fließend Masematte rackewehlen (sprechen), hier eine Übersetzung der Frage ins Hochdeutsche: Ein Masemattesprecher, Bauarbeiter mit der Wasserwaage in der Hand, sagt am Zahltag zum Wirt: »Gib mir ein halbes Hähnchen, oder nein, zwei Würste mit Bratkartoffeln und eine Flasche Bier und einen Schnaps. Ich habe Hunger und Durst.« Er holt einen 20-Mark-Schein aus der Westentasche, gibt ihn dem Wirt und sagt: »Für Essen, Trinken und Trinkgeld.« – »Hör mal, Bursche, gehörst du jetzt zu den Großverdienern?« So eine Szene wird sich kaum in der Überwasserkirche, dem Transpanimurmelbeis abspielen (pani = Wasser, murmeln = beten, beis = Haus). Wohl auch nicht im Granigenbeis, dem Gefängnis. Denkbar ist das Gespräch aber in einer Schnellimbissbude (tacko = schnell, achilen = essen, kabache = Hütte, Bude) in Mochum. Mochum nennen die Bewohner des Herz-Jesu-Viertels zwischen Wolbecker Straße und Dortmund-Ems-Kanal ihr auch »Klein-Muffi« genanntes Stadtquartier. Mochum war eines der Viertel, in denen die Sondersprache Masematte aus plattdeutschen und jiddisch-hebräischen Ausdrücken und aus Wörtern aus der Sprache der Sinti und Roma jahrzehntelang gesprochen wurde.

17.: a)

Veteranen der Jazz-Szene erinnern sich vielleicht noch: an allen drei Spielstätten konnte man großartige Live-Konzerte hören. Bevor die Halle Münsterland vorübergehend zur festen Spielstätte wurde, war das Jazzfestival zwei Mal – 1981 und 1985 – im Preußenstadion zu Gast. Auch im (alten) »Jovel« – 1982 und 1983 – und im »Aladin« – 1984 – fanden Musiker und Zuhörer Obdach. 1980 wurde auf den Aasee-Wiesen Musik gemacht. Das allererste Festival fand seinen Ort allerdings 1979 im Schlossgarten.

27.: b)

Aus dem Kreis um die Fürstin Amalie von Gallitzin, der sogenannten »Familia Sacra«, ragten drei »Berge« heraus. Nach dem Freiherrn Franz von Fürstenberg, dem Domherrn und Minister des Fürstbistums Münster, ist das Fürstenberghaus am Domplatz benannt, in dem große Teile der Philosophischen Fakultät der Universität untergebracht sind. Friedrich Leopold Graf zu Stolberg-Stolberg war ein Dichter des Sturm und Drang. 1800 zog er nach Münster. Seine Konversion zum katholischen Glauben rief unter seinen protestantischen Zeitgenossen Erstaunen und Empörung hervor. Zum Namengeber für das Overberg-Kolleg wurde aber der dritte »Berg«, der Beichtvater der Fürstin Gallitzin Bernhard Overberg, der im Auftrag Fürstenbergs mit seiner Schulordnung die Elementarbildung im Münsterland reformierte.

Am Überwasserkirchplatz wurde dem Schulmeister Overberg ein Denkmal gesetzt.

37.: c)

Der Schwiegervater des Reichsgrafen hatte sein Geld vorwiegend mit der Schweinezucht gemacht. Mit einem Teil des Geldes, das von Moldawien nach Münster floss, ließ Bonifatius von Hatzfeldt-Trachenburg nicht nur die »Boniburg« bauen, sondern erwarb auch das Anwesen Dyckburg und als eigenes Jagdrevier den Boniburger Wald zwischen Münster und Handorf.

47.: b)

Das Mammutskelett im Geomuseum wurde 1910 bei Grabungen des damaligen Privatdozenten am Geologisch-Paläontologischen Institut Theodor Wegner (*1880, †1935) in einer Tongrube der Stanz- und Emaillierwerke der Gebrüder Seiler in Ahlen (Westfalen) gefunden. Es stammt aus dem Pleistozän und ist rund 18 000 Jahre alt.

Viel älter, nämlich aus der Oberkreide vor 100 bis 66 Millionen Jahren stammend, sind die Funde von Fossilien der räuberischen Fischgattung Sphenocephalus, die gelegentlich im Baumberger Kalksandstein zum Vorschein kommen.

Damit hat es das Münsteraner Geomuseum auch nicht nötig, sich mit großformatigen Kopien aus dem Senckenberg-Museum zu schmücken. Dieses präsentiert als Schaumuseum im Gegenteil zahlreiche sehenswerte Rekonstruktionen und Nachbildungen von fossilen Funden aus aller Welt.

57.: b)

Dass im Gasthof »Zur Moder Even« auch leckere Speckpfannkuchen aufgetischt wurden, ist möglich und sogar wahrscheinlich. Dass manchem Gast nach reichlichem Genuss berauschender Getränke die Aussprache eines doppelten »st« nicht so ganz gelang und er die »mast-strieven« zu »marieven« abkürzte, mag auch hier und da vorgekommen sein. Aber der Name der Gasse ist vom Namen des Gasthofs herzuleiten und nicht von etwaigen Artikulationsproblemen seiner Gäste.

Die fromme Legende um den Bildstock der »Maria im Venn« ist rein erfunden. Wie sollte auch eine gut katholische

Dichterin wie Annette von Droste-Hülshoff eine helfende und rettende Marienerscheinung im münsterländischen Moor zu einem einfachen Schutzengel herabgestuft haben?

67.: c)

Der heilige Paulus als Sieger bei Alexandrinischen Spielen und Alexander der Große als Fußball-Coach – alles erfunden und erlogen! Aber dass sich Kaiser Hadrian um die Sauberkeit und Fairness bei antiken Sportveranstaltungen kümmerte, geht aus den 90 Zeilen der von den Münsteraner Archäologen aufgefundenen Marmortafel deutlich hervor.

77.: a)

Zur Panama Drive Band gehörten bis etwa 1978 neben Ute Lemper, Peter Heines (Keyboards) und Winni Bückmann (Bass) noch Andreas Oswald (Saxophon), Heinz Nieße (Gitarre) und Klaus Kleffner (Schlagzeug). 1979 formierte sich die Truppe – ohne Sängerin – neu. Von der alten Formation waren noch Heines und Bückmann dabei, Mike Neumann übernahm den Gitarrenpart und Jochen Welle setzte sich hinter das Schlagzeug.

8.: c)

Weder ist es den Archäologen gelungen, den Grundstein der ersten Kirche Liudgers zu finden, noch haben die Historiker und Archivare so etwas wie einen datierten Geleitbrief aus der Kanzlei des späteren Kaisers Karl ausfindig machen können. Alle Datierungsversuche beruhen auf indirekten Quellen, aus denen man das Anfangsjahr Münsters zurückrechnen kann. Aber diese Quellen und Berechnungen machen es plausibel, dass 1993 der 1200. Geburtstag begangen werden konnte.

18.: c)

Als der damals fünfundzwanzigjährige Paul Hindemith das Strammsche Libretto in zwei Wochen im Januar und Februar 1921 in Töne gesetzt hatte, bekam er Schwierigkeiten es aufführen zu lassen. Die Premiere fand dann doch am 26. März 1922 im Frankfurter Opernhaus statt. Der berühmte Dirigent Fritz Busch, der als durchaus fortschrittlich und als Förderer der Werke des jungen Komponisten galt, hatte sich aus »moralischen Gründen« geweigert, an der Aufführung der Sancta Susanna mitzuwirken. Noch in den 1990er Jahren waren Aufführungen von Protesten christlicher Organisationen begleitet.

28.: a)

Eckhard Freise hat zwar auch Kunstgeschichte und nicht-numerische Informatik studiert und ist ein exzellenter Schachspieler (ELO-Zahl 2032), aber als Universitätslehrer hat er das frühe Mittelalter zu seinem Forschungsgegenstand gemacht. U. a. hat er für die 1993 erschienene dreibändige »Geschichte der Stadt Münster« das Kapitel »Vom vorchristlichen Mimigernaford zum honestum monasterium Liudgers« verfasst.

38.: c)

Bert Brecht war von November 1922 bis November 1927 mit der österreichischen Schauspielerin und Opernsängerin Marianne Zoff verheiratet. Die gemeinsame Tochter Hanne Marianne war am 12. März 1923 geboren worden. Im gleichen Jahr lernte

Brecht Helene Weigel kennen. Als er mit Marianne Zoff und der kleinen Hanne im April 1924 Urlaub auf Capri machte, war Helene Weigel von Brecht schwanger. Marianne Zoff hatte 1925 ein Engagement als Soubrette am Theater in Münster. Dort lernte sie den Schauspieler Theo Lingen kennen und lieben, den sie 1928 nach der Scheidung von Brecht heiratete und der der Pflegevater Hannes wurde. 1929 wurden auch Brecht und Helene Weigel ein Ehepaar. Aus der kleinen Hanne Marianne Brecht, die an Weihnachten 1925 von ihrem Vater besucht wurde, wurde später die Schauspielerin Hanne Hiob.

Zu einem Sechs-Tage-Rennen in der Halle Münsterland konnte Brecht schon deshalb nicht an Weihnachten 1925 anreisen, weil die Halle erst am 17. und 18. April 1926 feierlich eröffnet wurde.

48.: b)

Alles andere sind »unwiese Quinten« (an denen Hermann Landois aber vielleicht seinen Gefallen hätte). Prost!

58.: c)

Weder der Daumen noch die Dummen-Jungen-Streiche sind für den Zweitnamen der Harsewinkelgasse verantwortlich. »Im Römischen König«. Wie diese Familie selbst zu ihrem Namen kam – ja, das weiß kein Mensch zu sagen.

68.: c)

Michael Pfannkuche, geboren 1956 in Münster, spielte mit seinem Verein, dem SK Münster 1932, von 1970 bis 1988 Partieschach. In der 1. Schach-Bundesliga gelang ihnen auch ein überraschender Sieg gegen das Schachteam des FC Bayern München. Pfannkuche war daneben ein Verfasser von Schachkompositionen und wurde 1988 in Budapest und 1993 in Bratislava Einzel-Weltmeister im Lösen von Schachkompositionen. Fünf Mal, 1987, 1988, 1993, 2000 und 2002 gehörte er zur deutschen Weltmeistermannschaft in dieser Disziplin.

78.: b)

Christian II. von Dänemark sympathisierte in der Tat mit der Sache der Reformatoren um Martin Luther. Auch ihm war der Einfluss der Kirche und ihrer Bischöfe in seinem Reich ein Dorn im Auge. Auf dem Wormser Reichstag 1521 gab es durchaus Gerüchte, die dänischen Gesandten seien beauftragt, Luther ein sicheres Geleit nach Kopenhagen zu bieten. Aber 1523 war dieser schon wieder im für ihn sicheren Wittenberg tätig. Plönnies und Bomhover gehörten zu den Gegnern des 1523 abgesetzten Dänenkönigs Christian II. Als Unterstützer Gustav Wasas, der Schweden aus der Union mit Dänemark lösen wollte, kommandierten sie die Lübecker Flotte, die beim Einzug Gustavs in Stockholm vor der Stadt ankerte.

Der Waffenstillstand im fünften Russisch-Litauischen Krieg war bereits 1522 geschlossen worden, und zwar in Moskau, nicht in Riga. Und das ganz ohne Beteiligung von Vermittlern aus Münster oder Lübeck.

9.: a)

Die IFPRA ist die International Federation of Park and Recreation Administration, die Internationale Vereinigung der Gartenbauamtsleiter. Der LivCom-Award, den Münster 2004 gewann, war zu Beginn unter dem Titel »Nations in Bloom« ausgeschrieben worden. Er wird in fünf Kategorien, entsprechend den Einwohnerzahlen der auszuzeichnenden Städte und Gemeinden, vergeben. Die Kriterien für die Entscheidung bewerten die Felder Umwelt und Landschaft, Bürgerbeteiligung, Bewahrung des historischen Erbes und nachhaltige Zukunftsplanung.

19.: a)

Auf engstem Raum greifen tierische, menschliche und zoomorphe Körper und Körperteile ineinander. Man erkennt den Nemëischen Löwen, die Lernäische Hydra, eine neunköpfige Schlange, den Erymanthischen Eber, den dreiköpfigen Höllenhund Kerberos und andere mehr. Die zwölf »Taten des Herkules« vollbrachte der Heros auf Anraten des Delphischen Orakels, nachdem er – von Hera mit Wahnsinn geschlagen – seine Frau Megara und ihre drei Söhne getötet hatte. Sein Auftraggeber war der argivische Königs Eurystheus, der Herakles fürchtete und es gern gesehen hätte, wenn dieser bei der Erledigung seiner übermenschlichen »Arbeiten« (dem sogenannten »Dodekathlos«) umgekommen wäre.

29.: b)

Sankt Lamberti ist die traditionelle Stadt- und Marktkirche Münsters. Die Türmer, die seit dem 14. Jahrhundert nachgewiesen sind, verrichteten jahrhundertelang kommunale, nicht kirchliche Dienste: sie warnten die Bürger vor Bränden, heranrückenden Feinden und sonstiger Gefahr. Blies der Türmer nur kurz ins Horn, bedeutete dies nicht, dass er unter Atemnot litt, sondern es hieß: »Alarm! Gefahr!«. Tutete er lang, so bedeutete das: »Alles in Ordnung. Ich bin auf meinem Posten, schlafe nicht und saufe nicht.«

Martje Saljé mit ihrem Türmerhorn

In früheren Zeiten versahen oft zwei Türmer zur gleichen Zeit den Wachdienst. Ihr wichtigstes Instrument, um die Bürger der Stadt auf Gefahren aufmerksam zu machen, war neben dem Türmerhorn die Rats- und Brandglocke. Sie wurde gebeiert, d. h. nicht die Glocke als Ganzes wurde bewegt, sondern nur der

Klöppel, an dem der Glockenstrang befestigt war, wurde gegen den Glockenkorpus geschlagen. Gebeiert wurde so lange, wie der Feuerschein auf dem Turm zu sehen war. Das war auch für gestandene Kerle ziemlich anstrengend. Die Richtung, aus der der Feuerschein kam, wurde nachts mit einer aufgehängten Laterne, tagsüber mit einer aufgesteckten roten Fahne angezeigt. Seit 1902 wird die Ratsglocke nur noch bei der Wahl eines Oberbürgermeisters gebeiert; seit der Einrichtung einer organisierten Feuerwehr hat sie ihre Aufgabe als Brandglocke verloren. Eine Zeit lang gehörte es auch zu den Türmeraufgaben, vor dem Stundengeläut ein Glockenspiel zu bedienen.

Auch wenn die Türmerin heute noch mit der Städtischen Feuerwehr in Verbindung steht und vor Bränden warnt, die sie von oben viel eher sieht als die Leute unter ihr, so hat sich ihre Aufgabe doch geändert. Eine Türmerin in Aktion ist noch immer eine Besonderheit für die Besucher der Stadt. Und deshalb zahlt die Stadt Münster aus dem Etat von »Münster Marketing« das Gehalt.

39.: b)

Dass Anna Holthaus als vermeintliche Hexe und Schadenszauberin nicht zum Tode verurteilt und dem Scharfrichter übergeben wurde, mag damit zusammenhängen, dass nach dem Beginn der Verhandlungen um den Westfälischen Friedensschluss Aufsehen erregende Hinrichtungen unter den Augen der diplomatischen Gäste aus dem Reich und aus Europa vermieden werden sollten.

49.: b)

Die mit abgeschnittenen Katzenschwänzen verzierte Fahne gehörte eigentlich zum »Anti-Katzen-Verein«, den der Vogelliebhaber Landois aus Jux auch ins Leben gerufen hat. Die »Katzen(hasser)-fahne« sorgte – wie gewünscht – für Aufsehen und für Empörung. Sie wurde zur Schützenfahne der Abendgesellschaft Zoologischer Garten und war in der Ausstellung des Stadtmuseums zum 100. Todestag von Hermann Landois zu sehen.

59.: a)

Adolf Kleimann ließ gegen Ende des 19. Jahrhunderts den nach ihm benannten Kleimann-Holm entwerfen und an der neu gestalteten Promenade anbringen. In der Regel ist der Holm ein Knieholm, also etwa 30 cm über den Erdboden angebracht. An Stellen, an denen die Rasenfläche als Hang nach außen abfällt, laufen zwei Metallstangen durch die Pfosten. Die obere ist mit ihrem rund 95 cm Höhe ein sogenannter Hüftholm. 1985 waren nur noch wenige Meter der ursprünglichen Holme vorhanden. Nach diesen Originalen wurden die übrigen heute zu sehenden Holme neu hergestellt und an der Promenade angebracht.

69.: b)

»Cruyff, Sekt, nackte Mädchen und ein kühles Bad«. So lautete 1974 eine Überschrift in der *Bild*-Zeitung. Bondscoach Rinus Michels stellte die »Enthüllung« des Boulevardblatts als bewusst lancierte deutsche Propaganda gegen seine Mannschaft dar. 2004 erschien in den Niederlanden aber ein Sportbuch mit dem Titel »1974. Wij waren de besten«. Der Autor Auke Kok schrieb darin, die »Krautkrämer-Affäre« habe sich im Kern so abgespielt, wie von *Bild* behauptet. Dafür hatte er Zeugen des Vorfalls aufgespürt. Eine Orgie sei das Ganze nicht gewesen, allerdings seien Johan Cruyff, Rob Rensenbrink und zwei weitere Spieler mit deutschen Mädels nackt in den Pool gehüpft. Rinus Michels habe als Parole ausgegeben, alles abzustreiten und als böswillige Erfindung der deutschen Presse hinzustellen.

Wie dem auch sei, Michels hatte vierzehn Jahre später keinen Grund, bei der Europameisterschaft 1988 wiederum das Hotel Krautkrämer zum Mannschaftsquartier zu machen. Anders als 1974 lag das Haus auch nur bei einem Spielort seiner Mannschaft, nämlich Gelsenkirchen, in der Nähe.

Die serbisch-montenegrinische Mannschaft um Dejan Stanković logierte während der WM 2006 zwar auch in einem münsterländischen Hotel. Allerdings war es das Hotel Weissenburg in Billerbeck.

79.: b)

Anfang der 1980er Jahre gründete die pensionierte Bibliothekarin Elisabeth Zilz das Projekt »Ein Bücherbus für Nicaragua« und brachte die fahrende Bücherei »Bertolt Brecht« ins Land. Der Bus hält an Schulen und Gefängnissen und versorgt Kinder, Jugendliche und Erwachsene mit Büchern, Bildung und Unterhaltung. Die Kulturarbeit, die der Verein »Pan y Arte« unterstützt, wird durch ein Kulturhaus, die »Casa de los Tres Mundos« in der Stadt Granada, und weitere Projekte gefördert.

10.: a)

Die Ansichten über den Komponisten, Musiker und Poeten Louis Thomas Hardin (geboren 1916 in Marysville, Kansas) gehen auseinander. Für die einen war er ein Freak, ein seltsamer Kauz, die anderen hielten ihn für genial. Sein Blindenhund, der, wie er sagte, »mehr als jeder andere Hund, den ich kannte, den Mond anheulte«, brachte ihn dazu, sich als Künstler Moondog zu nennen. 1999 ist Moondog in Münster gestorben. Sein Grab auf dem Zentralfriedhof ziert eine Skulptur, die der österreichische Künstler des »Phantastischen Realismus« Ernst Fuchs (gestorben 2015) nach der Totenmaske Moondogs geschaffen hat.

Moondogs Grab auf dem Zentralfriedhof

Sen Dog und Snoop Doggy Dogg sind ebenfalls Pseudonyme von Musikern, allerdings viel jüngeren. Der Rapper Snoop Doggy

Dogg, geboren 1971 in Long Beach in Kalifornien, nannte sich zwischenzeitlich Snoop Dogg und macht seit 2012 Reggae-Musik unter dem Namen Snoop Lion. Sen Dog ist ein 1965 auf Kuba geborener Rapper der Hip-Hop-Gruppe Cypress Hill.

20.: c)

Man kennt das auch von anderen Kirchenbauten. Die Gargoyles, die steinernen Verkleidungen der Wasserspeier, wurden oft als höllische und dämonische Figuren gestaltet. Besonders bekannt sind die Fratzen an der Kathedrale Notre-Dame in Paris. Dämonische Fratzen an der Außenseite von Kirchen symbolisierten das Böse und Sündige der äußeren Welt im Gegensatz zum Heiligen, Reinen, das im Innenraum der Kirche seinen Platz finden sollte. Das doppelköpfige Wesen unter dem Sankt-Lamberti-Dach hat aber so gar nichts Teuflisches an sich. Das Grinsen in den beiden Gesichtern wirkt eher dümmlich, menschlich eben. Oder vielleicht doch: Gilt das Kartenspiel in seinen Händen nicht als »des Teufels Gebetbuch«?

Doppelkopf-Kartenspieler als Wasserspeier an Sankt Lamberti.

30.: c)

Die Poststationen hielten nicht nur frische Pferde, Stallung und Futter bereit. Auch der Postwagen, auf dem hoch oben der Schwager saß, musste gepflegt werden. Alle beweglichen Teile an Achsen und Rädern mussten regelmäßig abgeschmiert werden. Dafür mussten die Reisenden einen Extra-Obolus, eben das »Schmiergeld«, entrichten. Mit dem Schwager auf dem Kutschbock musste man übrigens nicht verschwägert sein. Es war einfach die alte, heute nahezu vergessene Berufsbezeichnung für den Postillion der Postkutschenzeit. Am Schmiergeld des Paul Götze kann man also schwerlich ablesen, ob der Herr Goethe korrupt war.

40.: c)

Zugegeben, die Replik auf Äußerungen des Grafen von Galen gegen die Alliierten hätte man eher von einem Autoren und Exilanten erwartet, der als »links« eingeschätzt wurde, also von Lion Feuchtwanger oder Bertolt Brecht. Aber es war Thomas Mann, der sich noch im Ersten Weltkrieg in den »Betrachtungen eines Unpolitischen« sehr nationalistisch geäußert hatte, der nun unter dem Eindruck der nationalsozialistischen Gräuel dem Bischof von Münster entgegentrat. In einem Artikel der deutschsprachigen jüdischen Zeitung »Aufbau« in New York erinnerte er die Deutschen an ihre Mitverantwortung für die »Scheußlichkeit« und die »Schmach«, die seit den Bildern aus den befreiten Konzentrationslagern vor aller Welt zu Tage trete. »Betrachtet sie« (d. h. die alliierten Befreier) »nun wenigstens nicht, wie der Bischof Galen es Euch vormacht, als Eure Feinde. Fühlt Euch nicht selbst, wie dieser unbelehrte Geistliche, in erster Linie als Deutsche, sondern als Menschen, der Menschheit zurückgegeben. …«

50.: a)

Nicht nur der Allwetterzoo in Münster schloss im März 2001 aufgrund der Gefahr durch die Maul- und Klauenseuche die Eingangstore für die Besucher. Auch die Zoos in Köln (Ausnahme

Aquarium), Gelsenkirchen, Karlsruhe und Osnabrück und einige Tier- und Wildparks blieben »bis auf Weiteres« unzugänglich. Erst am 11. April 2001 meldete der Allwetterzoo, er habe wieder geöffnet und freue sich auf die Besucher.

Die Gefahr durch eine H5N1-Infektion stellte sich erst im Jahr 2006, als die Vogelgrippe aus Südost- und Ostasien nach Europa vordrang und zahlreiche Vögel vorsorglich getötet wurden. Sie führte aber nicht zu einer wochenlangen Schließung des Zoos.

60.: a), b) und c)

Die kleine Lokomotive vom Typ Baulok 4083/10 wurde vor dem II. Weltkrieg als Transportlok auf Baustellen der Firma Peter Büscher eingesetzt. Nach dem Kriegsende mussten allein in Münster rund 2,5 Millionen Kubikmeter Trümmerschutt aus der Stadt hinausgefahren werden. Dazu wurde die vorhandene Baulok mit angehängten Kipploren verwendet. Auf dem damaligen Hindenburgplatz vor dem Schloss wurde der Trümmerschutt auf Halden abgekippt. 1961 schenkte die Firma Büscher die Lok der Stadt. Sie wurde zum Vergnügen von Tausenden von Kindern auf dem Spielplatz am Coerdeplatz als Kletter- und Spielgerät aufgestellt. Als die Lokomotive als Spielgerät nicht mehr sicher genug war, wurde sie überholt und fand 2004 ihren neuen Standort als eine Art »Trümmerdenkmal«.

70.: a)

Im Jargon der Sportler kreucht und fleucht es wie in Brehms Tierleben. Fußballstürmer versuchen durch eine »Schwalbe« einen unberechtigten Elfmeter zu provozieren, Golfer schlagen einen Eagle oder einen Albatros, d. h. sie lochen mit zwei oder gar drei Schlägen »unter Par« ein. Ausdauersportler zu Rad oder zu Fuß greifen unterwegs zu einem »Affenkotelett«, also einer Banane, damit ihnen der »Hungerast« erspart bleibt. Defensive Schachspieler suchen möglichst früh in eine »Igelstellung« zu kommen.

Philipp Stüer war Ruderer. Ein Ruderer versucht, keinen »Krebs zu fangen«. Wer sein Ruderblatt zu tief eintaucht, damit aus dem Rhythmus kommt und die übrige Crew in heillose Unordnung bringt, der hat im Jargon der Wassersportler »einen Krebs gefangen«. Den Ausdruck haben die deutschen Ruderer von ihren britischen Kollegen übernommen. Bei ihnen heißt dieser Fehler »to catch a crab«.

Philipp Stüer war 2002 mit dem Vierer ohne Steuermann in Sevilla Weltmeister und saß 2006 bei der Ruder-WM im englischen Eton im deutschen Goldachter. Zwei silberne und eine Bronzemedaille und der Titel eines Juniorenweltmeisters 1997 runden seine Erfolgsbilanz bei Ruderweltmeisterschaften ab. Nur bei Olympischen Spielen gelang ihm und seinem Boot keine Platzierung unter den ersten Drei.

80.: a), b) und c)

Corny Littmann ist seit 1988 Mitbegründer, Leiter und Besitzer des Schmidt Theaters am Spielbudenplatz in St. Pauli. Der Aktivist der Schwulen- und Lesbenbewegung kandidierte 1980 erfolglos für die Grünen bei den Wahlen zum Deutschen Bundestag. Mit der Kultsendung »Schmidt Mitternachtsshow«, die 1990 bis 1993 von den dritten Fernsehprogrammen ausgestrahlt wurde, wurde er weit über Hamburg hinaus bekannt. Diese Sendung wurde 1991 als beste Unterhaltungsshow mit dem Adolf-Grimme-Preis ausgezeichnet. 1999 wurde Littmann zum »Hamburger Unternehmer des Jahres«, 2010 erhielt er den nach dem ehemaligen Ersten Bürgermeister von Hamburg benannten Max-Brauer-Preis. 2003 wurde Littmann, der nach eigener Aussage »von Fußball keine Ahnung« hat, zum Präsidenten des klammen und von Insolvenz und Lizenzentzug bedrohten FC St. Pauli gewählt. Als er im Mai 2010 nach zwischenzeitlicher Absetzung und zweimaliger Wiederwahl als Vereinspräsident zurücktrat, war der FC zum fünften Mal in die 1. Bundesliga aufgestiegen.

Der Autor:

Klaus Otto Nagorsnik ist Münsterländer von Geburt und Immigrant der zweiten Generation. In jungen Jahren wollte er nur weg und auf gar keinen Fall im als spießig und engstirnig-sauertöpfisch empfundenen Münster studieren. Über 30 Jahre arbeitete er dennoch als Bibliothekar in dieser Stadt und hat im Laufe der Jahre eine gehörige Portion Lokalpatriotismus entwickelt. Emmes!

Ja klar, aber sicher! Schließlich hat sich auch Münster selbst entwickelt.

Seit einigen Jahren lässt er als Quizmaster jeden Monat Kneipenbesucher mit seinen Fragen schwitzen, bis der erlösende Kopfklatscher kommt – oder auch nicht.

Im monatlich ausgespielten Deutschland-Cup des *Deutschen Quiz-Verein e. V.* sammelt er erste Plätze und landet auch bei deutschen Meisterschaften und Weltmeisterschaften auf vorderen Rängen unter den deutschen Teilnehmern, so als Deutscher Quiz-Meister im Doppel 2014 und als nordrhein-westfälischer Quiz-Meister 2015.

2013 wurde das Fernsehen auf den leidenschaftlichen Quizzer und TV-Muffel aufmerksam; er wurde eingeladen, sein Wissen in großen Abendshows unter Beweis zu stellen. Aus der Show *Die Deutschen Meister* mit Kai Pflaume in der ARD nahm er 2013 den Titel eines »Europameisters im Stadt-Land-Fluss« mit nach Hause. Im Frühjahr 2015 konnte er in der ZDF-Sendung *Der Quiz-Champion* die Experten Katharina Thalbach, Marcel Reif, Tim Mälzer, Guido Knopp und Michael Herbig schlagen. Seit August 2014 ist er als »Der Bibliothekar« einer der »Jäger« in der Quizsendung *Gefragt – Gejagt*, die zunächst im NDR-Fernsehen und später im Vorabendprogramm der ARD ausgestrahlt wurde.

AF566329